大学生ミライの因果関係の探究

ストーリーでわかる心理統計

小塩真司
Oshio Atsushi

ちとせプレス

因果関係があるかないかを決めるのは、
予想以上に難しかった。

目　次

プロローグ　1

4月　だいたい ——————————— 3
区間推定
カフェテリアでの事件（4）　母集団と標本（8）　大数の法則，区間推定（13）　信頼区間（17）　帰り道（25）　再び，カフェテリア（27）

5月　くらべる ——————————— 31
t 検定
成績の比較（34）　カイ2乗検定（37）　別の方法（43）　t 検定（45）

6月　まえおき ——————————— 55
比較の前提条件
野球の成績（55）　比較する（60）　比較可能か（67）　帰り道（70）

7月　かんれん ——————————— 73
相関関係
ゼミ選び（74）　奨学金（76）　研究室（77）　散布図（78）　尺度水準と散布図（85）　区切るか否か（89）　夏へ（92）

8月 つながり ——— 95
因果関係
電車の中（96） 予期せぬ合流（99） 江熊ゼミの研究報告会（101） 因果関係の条件（104） 因果関係の検討方法（106） パネル調査（108） 別の見方（111）

10月 みあやまり ——— 117
擬似相関
研究室（120） 因果関係の見誤り（121） 擬似相関（124） 擬似相関を散布図で見る（127） 因果関係を確定することの難しさ（130） 街灯の光の下で（133）

11月 くみあわせ ——— 135
交互作用
確証バイアス（136） 信じること（139） 原因を考える（142） 主効果と交互作用（144） 主効果のグラフを描く（146） 交互作用効果（149） 2次の交互作用（155） 後日（157）

12月 あつまり ——— 159
原因同士の関連
ゼミの配属方法（162） 「普通」とは（164） 授業アンケート（166） 構造を考える（169） 合計すること（172） 多面的評価（173） ゼミの決め方（177）

1月 ちょうせい ——— 179
散布図
初日（179） 2日目（182） 3日目（184） 岡山の論文（188） 正の関連，負の関連（189） 理由（193） 昔話（196）

エピローグ 199
参考文献 202
あとがき 203
索　引 204

イラスト　西田ヒロコ

プロローグ

　原因と結果。
　そんなの，すぐに見つかるはず。

　ずっと私は，そう考えてきた。
　科学が発展して，新しい発見があって，原因がわかるようになって。
　そうやって，世界が次々と変わってきた。
　きっと，何もかもが明らかになる，そういう時代が来るだろうって。

　自分のまわりのことも同じ。
　原因なんて，簡単にわかる。
　だってみな，あの原因はこれだ，この原因はそれだって，言っているじゃない。
　ちょっと注意深く物事を見れば，すぐに何が原因か，わかるはず。

　でも実際は，そんなに簡単じゃないみたいだ。
　例えば，いま。
　あなたは何をしている？
　どうして，それをしているの？
　たった1つの原因だけで，それをしているの？
　他にも原因があるんじゃないかな？
　そう，それ。
　でも，それだけじゃない。
　もっとほかにも。
　ほかにも。

もっと。

原因を考え出すと，止まらなくなる。
あれもこれも，何かに影響を与えていて，それがまたほかのものに影響する。
そう。
延々と続いていく。

私たちはただ，「それが原因だろう」って，決めつけているだけ。
どうやったら，ちゃんと原因にたどり着けるんだろう。
どうやったら，それが見えるようになるんだろう。

統計と心理学を学びながら，そんなことを考えた。
これはそんな，私の大学生活の物語。

4月　だいたい

区間推定

　春だというのにまだ肌寒い。大学への坂を歩いて登っていく。
　今日から，C大学の新学期が始まる。この坂を登り始めて1年が経つ。だけど，やっぱり今日も坂はきつい。キャンパスの桜は満開で，私の歩みを応援してくれているようだ。少しだけ元気が出る。
　まわりを見ると，初々しい顔ぶれもある。どうして，新入生ってすぐにそうだとわかってしまうのだろうか。1年前は私もあんな顔をして歩いていたのかな。たった1年，学年が違うというだけで，見かけもずいぶんと違って見えてしまう。
「ミライ！　おはよう！」
　私は，庭瀬未来。C大学の2年生だ。岡山県から，この大学の心理学科に進学してきた。いま声をかけてきた彼女は，西永あおい。彼女も私と同じ，心理学科の2年生。
「おはよう，あおい。相変わらず，坂，きついね」
「そう？ 私は平気だよ」
「あおいは何年もこの坂を登ってるからだよ」
　彼女は，この大学の附属高校出身なのだ。
「そうだね。中学からだから，7年間だね」
「7年かあ。人生の3分の1以上じゃない」
「言われてみればそうだね」
　附属中学も附属高校もこの大学と同じ敷地内にある。だから，彼女はこの

坂を登るベテランだ。1年間と7年間，この差は大きい。
「でも，高校までとは坂を登る時間帯が違うね」
あおいが言う。たしかにそうだ。中高生はとっくに坂を登り，授業を受けている時間だ。いま坂を登っている私たちは，2限目から授業を受ける。
「ねえミライ，今日の2限は何の授業をとるの」
「教養の科目をとるつもり。映像メディア論だったかな。映画も見せてくれるってシラバスに書いてあったから，楽しそうだと思って」
「その科目ね。私も迷ったんだけどな」
「あおいは，何の科目をとるつもりなの」
「私は自然科学系の単位がまだ揃っていないから，生物学だね」
教養の科目は，人文科学，社会科学，自然科学の3領域の単位を揃えないと，卒業できないようになっている。
「じゃあ，お昼に会おうよ。カフェテリアのいつもの場所で」
「じゃあまたね」
私とあおいは，校舎の入り口で左右に別れた。

カフェテリアでの事件

昼休みのカフェテリアは，ごった返している。特にいまは4月。新入生たちは，正攻法で休み時間にカフェテリアや学食に押しかけてくる。だからいまは，1年のうちで一番混雑する時期だといってもいいくらいだ。
私はあおいと，昼休みが30分過ぎた頃に待ち合わせをすることにしている。その時間になると，学生たちの第1陣が食べ終わり，カフェテリアから出ていくので，多少余裕ができるのだ。ただし，昼休みは半分過ぎているのでゆっくりと食べることはできないけれど。
「ミライー，席をとっておいたよ」
あおいの声がする。隣には，倉田潤君の姿も。

「よっ。久しぶり」
　倉田君も，附属高校出身だ。この大学に入学する前，高校時代からあおいに心を寄せていた。そして先月からとうとう，あおいとつきあい始めたと聞いている。
　順番にカウンターに行き，昼食を買ってくる。私はオムライス，あおいはパスタ，倉田君はランチプレート。いつ見ても，ランチプレートは運動部の学生用としか思えない。私には絶対に完食できない。
「ねえ，ところで2人とも，最近はどうなの」
　私は，野暮だな，と思いながらも2人の関係が気になったので，ストレートに聞いてみた。
「それ，いきなり聞く？　まあまあ，それなりにさ」
　あおいが答える。倉田君は，照れているような，でも悪くは思っていないような顔で，白身魚のフライをほおばる。
　そのとき，カウンターの方でガチャン，と食器の載ったトレーを乱暴に置いた音。「おばちゃん，これはないんじゃない？」という荒っぽい声。3人

でそちらを見ると,作業服を着たおじさんが,カフェテリアのカウンターに立つおばさんに何かを言っている。多くの学生の視線が,そちらへ向けられる。

何をもめているのだろう。

そのとき。

「オレ,ちょっと見てくるよ」

倉田君が,そちらへ向かおうとする。

「え,やめなよ,倉田」

あおいが止めようとするが,倉田君は立ち上がり,作業服を来たおじさんの方へ歩いて行く。まわりの学生も,倉田君の様子をただ見ているだけ。

倉田君は,おじさんに話しかける。そして,おばさんにも。すると,おじさんはおばさんに勢いよく何かを言い,カフェテリアをあとにした。

倉田君,何を言ったのだろうか。

「何があったのさ」

席に戻ってきた倉田君に,あおいが声をかける。

何が起きたのか尋ねたかったが,返事をせず黙って食事をする倉田君の姿を見て,私もあおいも食事を進めることにした。

まわりの学生はみな,聞き耳を立てているようだ。

しかし,しばらくすると,再びざわめきが大きくなった。

「外に出ようか」

食事を終えた倉田君が言う。私とあおいの皿の上には,まだオムライスとパスタが残っている。だけど,私もあおいも食が進まず,もてあましていた。

これ以上食事を口に運ぶ気がなくなってしまったので,心の中で「ごめんなさい」とつぶやきながら立ち上がった。

私たち3人はカフェテリアからいそいそと外に出た。周囲の学生は,逃げるように出ていく私たちの姿を目で追った。

図書館の前まで歩き,ベンチに腰かける。

「ああ，居づらかった。みんなこっちを見ているんだもん」
あおいが言う。
「倉田君，どうしてあんなもめごとの中に入っていっちゃったの？」
正義感の強い倉田君らしい行動だった，とはいえ，あんなにみなが注目するなか，行ってしまうとは。
「あのおばちゃん，市川さんっていうんだけど，うちの近所に住んでいてさ」
倉田君が言う。
「小さいときに世話になったんだ」
「そうなんだ」
私が答える。
「危ない目に合わなければいいな，と思ってさ」
そういうことだったのか。でも，そういう関係だとしても，あの注目の中に入って行っちゃうのは，正義感の強さじゃないかと思う。
「で，何をもめていたの」
あおいが聞く。
倉田君は説明してくれた。
あのおじさんは学内の工事に来ていた人で，この数週間，カフェテリアで昼食をとっていた。今日も日替わりランチを頼み，市川さんがよそったごはんをとろうとしたのだが，茶碗に載っているごはんの量が少なく見えたのだという。そのおじさんは，この1週間ずっと，自分のごはんだけが少なく盛られていると思い，文句を言い始めたそうだ。
何とあの多くの学生のいる場所で「ごはんの量が少ない」と文句を言っていたのだというから，聞いてちょっとあきれてしまった。
「それで，「みんなが見ててかっこ悪いからやめたら」「文句があるなら量って確かめてみよう」って言ったら，怒って出ていった」
ということだった。
「ごはんの量が少ないからって，子どもじゃないんだから，あんなに騒ぎ

4月　だいたい

を起こさなくてもいいのに」

あおいが言う。それは子どもに失礼かも，と思った。

「何日も連続っていうのはたまたまだと思うけれど，まあ，ほかにもきっと嫌なことがあって，だろうね」

私は言った。

時計を見ると，もう午後の授業が始まる時間だ。教室に急がなくちゃ。

母集団と標本

授業後，江熊先生の研究室に向かう。

江熊トオル先生は，心理学科の先生で，社会心理学が専門。なんでも，私の両親とは知り合いらしい。でも，くわしいことはまだ先生からも両親からも，教えてもらっていない。

私は入学直後から，よく江熊先生の研究室にお邪魔している。一応，勉強するための本を借りるために。でも本当は，統計や心理学のことをわかりやすく教えてくれるし，相談に乗ってもらえるからだ。先生も，忙しいはずなのだが，熱心に教えてくれるのでとても嬉しい。たまに理解できないことを言うこともあるけれど……。

今日も，3月に借りた本を返すため，という名目で研究室を訪れる予約を，数日前にメールでした。

研究室の前に来た。「江熊トオル」と書かれたネームプレート。その下にある「在室」の文字を確認して，扉をノックする。

「どうぞ」

そっけない返事が返ってきた。そっと扉を開ける。

「失礼します」

「お，庭瀬さん。いらっしゃい，どうぞ」

いつものように，口調はぶっきらぼうだ。でも歓迎して招き入れてくれた。

「ソファの上，散らかっているから，適当にどかして座って」
　これもいつも通り。先生の研究室にはどんどん本が増える。いつ来ても，新しい本がソファの上に載っている。
　ソファの上の本を横にどけ，そこに腰かける。
　先生は少しためらいながら，話を切り出した。
「そういえば，1週間くらい前に女子トイレで覗き事件があったらしいんだけど，庭瀬さんは知らないかな」
「覗き……ですか」
　聞いていない。どこかで話題になっているのだろうか。
「ほら，カフェテリアの横のトイレなんだけどね。新入生の女子学生が覗かれたって，学生課に言ってきたらしいんだ。庭瀬さんたち，カフェテリアでよく食事しているみたいだから，何か知らないかと思ってね」
　そんな事件があったとは，知らなかった。カフェテリアといえば，昼の事件の方が鮮明に覚えている。
「覗き事件は，知らないですね」
「そうか……その本，どうだった？」
　先生が，私が返そうと手に持っている本を指さして尋ねた。
「ちょっと難しい部分もあったのですが，とても面白かったです」
　この本は，ある精神科医が書いたエッセイだ。日々の診療の中で気づいたこと，考えたことが書かれているのだが，ところどころ専門用語が出てくる。ネットで言葉を調べながら，最後まで読んだ。
「現場にいる人の気づきというのは，面白いものだよね。経験してみないと気づかないことは，たくさんある」
　私の現場は……いまのところ大学か。何か特別なことを経験しているのだろうか，あんな面白いエッセイが書けるような。

　先生は，コーヒーメーカーに残ったコーヒーをマグカップに注ぎ，私に手渡した。私はそのマグカップを受け取る。少し煮詰まったコーヒーの香りが

鼻に届く。

「その本の中に，患者の体重の話が出ていたよね」

「はい，ありました」

20世紀はじめ，ドイツの精神科医エルンスト・クレッチマーは，精神病院に入院している患者の体格を調べ，ある法則を発見した。それは，太った体格の人が躁うつ病に，やせた体格の人が統合失調症になりやすいというものだった。その後，筋肉質の人がてんかんと関連づけられたが，その関連は曖昧だった。それぞれの病気になりやすい性格というものも当時は考えられており，病気ではない人々にまで，太った人，やせた人の性格が関連づけられることとなった。

「いまではその関連は見られないみたいだ。クレッチマーが見出した関連は正しかったが，時代と文化が変化して関連が見られなくなったという人もいる。そもそもクレッチマーが観察した関連そのものが誤りだったという人もいる」

先生が言う。

その本の著者も，クレッチマー説が実際に観察されると主張しているわけではない。そうではなくて，クレッチマーの話を紹介しながら，患者さんの体重を記録して，**平均**値を出してみた，という話だった。

「10人の男性の患者さんの体重を量って，平均が65kgということでしたね」

私が読んだ本には，データも掲載されていた。

「エッセイなので，ちゃんとした値じゃないかもしれないけれどね」

先生はそう言い，メモ用紙を出して数字を書いた。

57, 73, 58, 63, 70, 75, 52, 60, 84, 58

「データはこの10人。平均値は65kg。合ってる？」

私は先生にメモを見せてもらい，スマホの計算機で合計を出した……650。

10で割れば65だ。

「合計が650ですので，平均は65kgで合っています」

「いいね」

先生は少しほほえみ，マグカップを口に持っていく。

コーヒーを飲んでから続ける。

「この先生の病院には，毎日数十人もの患者さんがやってくる。1年間でどれくらいの患者さんが来るかはよくわからないけれど，とにかくたくさんいるね」

「そうでしょうね」

私は答える。

「そこで，この10人の患者さんから，**母集団**であるこの病院を訪れるすべての男性の患者さんの体重を推定する，ということを考えてみよう」

知りたいことの対象となる全体のことを母集団といい，私たちが観察できる一部分のことを**標本**という。[★1]

「母集団と標本ということですね」

「そうだね」

母集団は，十分にわからないことが多い。日本人全体，人類全体からデータを得ることは現実的にほぼ不可能だからだ。そこで，標本（サンプル）をとって，母集団の様子を推定する。

この場合は，患者さん全員の体重を量るわけにはいかないので，10人の体重から推定しようということだ。

「さて，どうなるかな。ところで本の中では，データのばらつきの程度を示す分散も標準偏差も示されていなかった。計算できるかな」

「えっと……」

ちょっと待ってくださいよ。まずは，それぞれの体重のデータから，平均値を引く。これが**偏差**だ。

★1　小塩（2013）p.76を参照。

```
－8, 8, －7, －2, 5, 10, －13, －5, 19, －7
```

偏差を2乗する。13の2乗って，いくつだっけ。19の2乗は……。私はスマホを使って答えを出した。

```
64, 64, 49, 4, 25, 100, 169, 25, 361, 49
```

この偏差の2乗の平均値を算出する。まず合計して……と……910だ。910を10で割ると，91。これが**分散**だ。

「分散は，91です」

「それは，標本分散？ 不偏分散？」

標本分散は，データを母集団全体と見なしたときの分散だ。**不偏分散**は，データを母集団から抜き出した標本だと見なしたときの分散。不偏分散は，データの数から1を引いて算出する。この場合，10で割るのではなく，9で割ることになる。標本分散と不偏分散は，データが大きくなるとほとんど同じ値になる。

「標本分散です」

「オーケー。じゃあ，標準偏差は？」

標準偏差は，分散の平方根になる……9.53939。

「標準偏差は，9.54です」

「じゃあ，不偏分散も求めてくれるかな」

不偏分散の場合は，910を9で割る。だから……101.11111か。平方根をとると10.05540。小数点以下2桁で四捨五入しよう。

「不偏分散は，101.11です。そこから標準偏差を計算すると，10.06ですね」

「こっちが，母集団の推定値ということになるね。母集団の平均が65kg，母集団の分散の推定値は101.11，母集団の標準偏差の推定値は10.06だ。ま

あ，だいたい，成人男性の平均体重と標準偏差に近い値だね」

大数の法則，区間推定

　私は，マグカップのコーヒーをひと口飲んだ。苦い。
「さて，本当に 65kg だろうか」
　始まった，と思った。ここから，江熊先生のレクチャーは本番になる。
「何百人，何千人もいる患者の母集団の中から，たった 10 人のデータを標本として得ただけで，母集団の平均値も分散，標準偏差も確定できるのだろうか」
　こういう問題について，以前にも話を聞いた記憶がある。
「先生，サンプルをできるだけランダムに，そしてたくさん手に入れれば，母集団に近づくのですね」
　先生はほほえんでうなずいた。
「標本が無作為にとられているなら，つまりランダムサンプリングされているなら，という前提なんだけど，標本のサイズを大きくしていくと，母集団の平均値に近づく。この例のように，サンプルを大きくしていくことで理論的な数値に一致していく現象を，**大数の法則**と言うんだったね」
「大数の法則」。そういえばそうだった。
　たくさんデータをとれば，全体に近づいていく。以前に学んでいたことだ。
「できるだけたくさんのサンプルがほしい。でも，もしもこの 10 人しか手に入らない状況だったら，どうするかな」
　これ以上調査できない状況か……。
「でも，全体の平均値を知らなければいけない，という状況ですね」
　確認した。
「そうだね」
　母集団の様子は，誰にもわからない。なにせ，全員に調査ができないのだ

から。だったら……。

「だいたいこのくらい,というしかないのではないでしょうか」

マグカップの縁を口にくわえた先生の目が,ほほえんだ。

「そう。「だいたいこのくらい」だね。この「だいたいこのくらいの平均値」を,平均値の**区間推定**という」

「区間推定,ですか」

「平均値がここからここまでに収まるだろう,という区間のことだね」

そうか。データをどんどん集めれば,母集団の平均値と標本の平均値は同じになっていく。だけど,標本が限られている場合には,母集団の平均値は「だいたいここからここまで」と推定するしかない,ということか。

コトリ。先生のマグカップが机の上に置かれる。

「先生,どうやって推定するのですか」

私は先生に尋ねた。難しい話だろうか……少し不安に思ったけれど。

「まず,母集団の分布を考える」

この場合,病院にやって来る患者全体の体重が,どんな分布になっているかを考えるということか。

「横軸に体重,縦軸に人数をとったヒストグラムを描くとする。普通,体重は,左の方に頂点があって,右の方に裾野を引いたグラフになるんだ。こんなふうにね」

先生は,新しいメモ用紙にグラフを描いた。

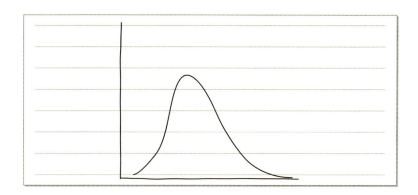

「体重がとても多い人はいるけれど、同じように少ない人は、生物学上の制限のためにいない。体重がマイナスの人はいないからね」
「体重がマイナスだったら、浮いてしまいますね」
「どんどん空に上がっていってしまう」
空を飛べたらいいな、と小さいときに思ったことがあったけれど、空に上がり続けるのは嫌だな……。
「まあ、とにかく。こういうグラフの場合、平均値はどのあたりに来るのだったか覚えているかな」
左に頂点があって、右の方に裾野を引いているグラフ。平均値は裾野に引っ張られて右方向に行くはずなので、頂点から少し右のあたりだろうな、と思った。
「そうですね、だいたいこのあたりでしょうか」
頂点よりも少し右のあたりを指さす。
「そうだね。その通りだ。体重の軽さには限界があるので、平均は分布の頂点よりも重い方へずれる」
先生はそう言って、「平均値」という言葉をグラフに書き込んだ。

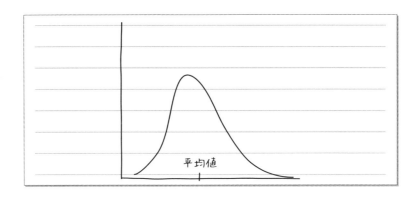

「母集団が,こういう分布のグラフを描くとする。身長だと,この分布が**正規分布**のように左右対称になるね」

「正規分布……,釣鐘型の左右対称のグラフが思い浮かびます」

「ベル・カーブとよばれることもあるね。いろいろな場面でよく用いられる分布だから覚えておくといい」

「はい」

「話を戻そうか。この母集団の平均,つまり**母平均**と,母集団の分散である**母分散**は,不明なままだ」

「平均と分散はわからないけれど,分布だけこういった分布になると考えておく,ということでしょうか」

「そう。分布だけね。何度も言うけれど,標本を数多く集めれば,この分布に一致する様子がわかるはずなんだ。一気に1000人集めてもいいし,100人ずつ10回集めてもいいし,10人ずつ100回集めてもいい」

だけど,普通はそんなに何回もデータを集められないし,そんなに大量のデータを集めることも難しい。1回だけしか標本が集められない調査もある,ということだ。

「たった10人に調査しただけだと,この分布の中で,端の方だけからデータがとられるかもしれないし,中心あたりだけのデータになるかもしれな

い」
「やってみないとわからないですね」
「そう,やってみないとわからない。だけどもしもランダムにサンプルがとられているのであれば,確率的には,この分布の山が高いところから多めに標本がとられて,裾野の方からとられる標本は少なくなるはずだ」

グラフで,山が高いところから標本がとられる確率が高く,低いところからはとられにくい。ただし,全体からランダムにサンプルが得られていれば,ということか。もちろん,これは確率の話だ。

「そこで,今回得られた標本のデータから,母集団の平均値を範囲で推定するんだ」

「範囲で推定,ですか」

「そう。範囲で推定」

範囲ということは,ここからここまでの間に母集団の平均が入る,ということなのだろうか。

「ただし,絶対にその範囲に収まるということが言えるわけでもない。何度も同じ母集団からサンプルを得たときに,ここからここまでの範囲に母平均が入る確率が95%とか99%とか,そういう高い確率で母平均が入る範囲を示すんだ」

信 頼 区 間

そう言うと,先生は立ち上がろうとした。私はその様子を見てすぐに立ち上がり,

「先生,コーヒー淹れます」

と言った。コーヒーメーカーのコーヒーはもうなくなっていたので,研究室の隅にある蛇口から水を入れ,新しく粉をセットする。

新鮮なコーヒーの香りが研究室に漂ってくる。

「やっぱり，淹れたてのコーヒーの香りはいいね」

先生は言った。

「母集団から標本を何度も集めることを考えてみよう。そして，何度も平均値を算出する」

それを聞いたとき，袋の中から何度もお菓子を取り出しては食べずにまた戻す，という動作を思い浮かべて，自分ながら少し面白く思った。

「そうすると，何度も計算した平均値は，どんな分布になると思う？」

先生はそう言うと，私の顔を見て少しだけほほえんだ。

突然聞かれて，戸惑う。

「えっと……どうなるのでしょうか」

先生はマグカップを左手で持ち上げた。

「このマグカップにコーヒーを注ぐ。僕が持っているものと庭瀬さんが持っているものは色違いだが同じ形のマグカップだ」

私は手元にあるマグカップを見た。私のマグカップは黄色のチェック模様，先生のマグカップは青色のチェック模様だ。

「2つのマグカップにちょうどいいくらいの量のコーヒーを注ぐ。このマグカップだと……そうだな，300ml くらいだろう。でも，きっと，300ml ぴったりにはまずならない」

目盛りもついていないのだから，ぴったりにはならないだろうな，と思った。

「僕のマグカップに注がれたコーヒーと，庭瀬さんのマグカップに注がれたコーヒーの量を測定する」

「2つのマグカップに入ったコーヒーの平均値を計算するのですね」

「そう」

先生はそう言って，マグカップに口に運んだ。

「僕のマグカップに 290ml，庭瀬さんのマグカップに 310ml 入っているとする」

「平均が 300ml ですね」

マグカップから予想される平均値と同じだ。
「今回はたまたま平均が300mlになったけど，おかわりしたらどうだろうね」
きっと，同じにはならない。
「平均は300mlになるとは限らないと思います」
「そうだね。でも，どの値に近くなると思う？」
私は「あっ」と思った。マグカップに入るコーヒーの容量は300mlなのだから，2杯の平均値を何度もとった値も，300mlを中心にして広がるはずだ。
「300mlの近くが多くて，300mlから離れるほど少なくなるはずです」
「イメージできたかな。300mlを中心として正規分布を描くようなグラフ」

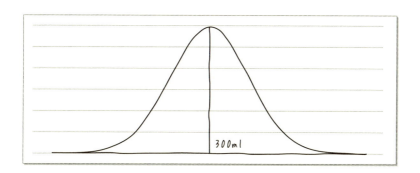

「さっき，母集団からランダムに抽出された標本を大きくしていくと，標本の平均値は母集団の平均値に近づくという話をしたね」
「大数の法則ですね」
「標本の平均値については，**中心極限定理**というのがあるんだ」
ものものしい名前だ，と思った。
「これは，十分に大きな標本をとることができていれば，という条件のもとでだけれど，同じ母集団から何度も標本をとって平均値を計算していくと，その標本の平均値は正規分布になる，という定理なんだ」

平均値が正規分布か……でも，母集団が正規分布ならそうなるんじゃないのかな……。

「何だ，あまり驚いていないね。さらに言うと，これは母集団が正規分布していなくても成立する定理なんだ」

「えっ？ 母集団が正規分布していなくてもいいのですか？」

それは予想していなかった。

「マグカップの例のように，母集団から2つだけサンプルをとる。これは，大数の法則からいえば，非常に真実から遠い結果が得られることになるね」

たしかにそうだ。たった2つのデータなのだから。

「母集団の平均は300mlだ。そして，たった2つのデータであっても，2つのマグカップに注がれたコーヒーの平均値がとりうる確率の分布は，300mlが中心になる。もちろん，あまりにかけ離れた値はとりにくい」

頭の中で，何度も2杯のコーヒーが入れられていくのを想像した。何度も，何度も。

「中には，200mlと400mlなんてかけ離れた2杯のコーヒーがあったりするかもしれない。でもその2杯の平均は300mlだね。次に2杯のコーヒーを入れたら，200mlと300mlだった。平均は250mlだ。でもこういうふうに，2杯の平均が300mlからずっとかけ離れることは，平均が300mlになることよりも，確率的にはより起こりにくい」

「だから，300mlを中心にして平均自体が正規分布するのですね」

中心極限定理か……何となく理解できたような気がする。

「話を体重に戻そうか」

先生は言った。

「さっき，10人の体重の不偏分散を計算したよね」

「えっと……」

私は手元のメモを見た……そう，101.11だった。

「101.11です」

「そうだったね。その値と標本の平均値を使うと，母集団の分散がわからないときの母集団の平均値の区間推定ができるんだ」

「区間推定……ですか」

「母集団の分散がわからないとき，次の式で母平均の 95% 信頼区間を求めることができる。**信頼区間**というのは，母集団の値がどのような範囲にあるかを表すものだよ」

$$\bar{x} - t_{n-1}(0.025)\frac{s}{\sqrt{n}} \leq \mu \leq \bar{x} + t_{n-1}(0.025)\frac{s}{\sqrt{n}}$$

「まあ，心理学の場合はたいてい母平均がわからないことが多いだろうから，こっちを覚えておく方がいいだろうね」

はあ……ダメだ。わからない……。

「あ，ダメそうな顔をしているね」

先生は意地悪そうな顔をしてほほえんだ。

「まあ，1つずつ見ていくか」

「はい……」

私は，力なく返事をした。

「まず，ここで $\bar{x}$（エックスバー）は標本平均だね。さっきの 10 人の体重の平均値は？」

私は気を取り直してメモを見直した。

「65kg です」

「次に s は不偏分散のルート，不偏標準偏差だ」

私はまたメモを見る。

「10.055 ですか……四捨五入して 10.1 でもいいでしょうか」

「いいだろう。じゃあ不偏標準偏差は 10.1 だ」

「ということは，s のところに 10.1 が入るわけですね」

「そう。次は n だけど，これはデータの個数だね」

「体重を測ったのは 10 人だから，n には 10 が入るのですね」

だんだんわかってきたぞ。でも……。

「でも先生，tというのは何ですか」

「これはt値だね。標本が30以上と大きくなるときは正規分布を使うのだけれど，**t分布**というのがあってね……あれ，統計の授業で習っていないのかい？」

正直言って，ちゃんと覚えていない。思わず「へへ」と苦笑いをしてしまった。

「まあいいや。t分布という正規分布に似た分布がある，ってことを覚えておけばいいだろう。この分布は，どれくらいの値のときにどれくらいの確率かということが決まっていてね。で，この値を利用して区間を決めるというわけだ」

先生は，正規分布のような図を描き，両端に近いところに線を引いた。

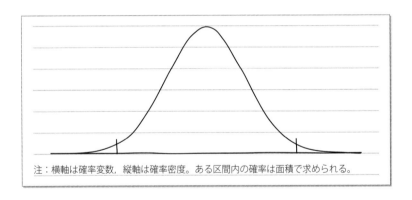

注：横軸は確率変数，縦軸は確率密度。ある区間内の確率は面積で求められる。

「この間に平均値が入る確率を求めようというわけだ」

この間に入る値ということか。

「tの横に小さく$n-1$と書いてある。この場合，t値も自由度が$n-1$，つまりデータ数から1を引いた値を使う。そして，95%の区間を表す値を使う。これは決まっていてね」

先生は，本棚から統計のテキストを取り出し，パラパラとめくり始めた。

「あったあった。これが t 分布の表なんだ」

私は,先生が持つテキストを覗き込んだ。細かい数字が並んでいる……。

自由度 (n)	片側確率 (α)		
	.05	.025	.001
1	6.314	12.706	31.821
2	2.920	4.303	6.965
3	2.353	3.182	4.541
4	2.132	2.776	3.747
5	2.015	2.571	3.365
6	1.943	2.447	3.143
7	1.895	2.365	2.998
8	1.860	2.306	2.896
9	1.833	2.262	2.821
10	1.812	2.228	2.764

「この表の中で,α が「0.025」で n が「9」になるところを探す。表によっては n がギリシャ文字の ν(ニュー)って書かれているときもあるけどね」

「2.262 ですね」

「その値を,t のところに入れればいい」

ちょっと疑問に思った。

「先生,どうして「0.025」のところを見るのですか。95% なのだから,「0.05」のところではないのですか」

先生は私の顔を見て,少し目を見開いた。

「ああ,よくそこを疑問に思ったね。この表は,片側確率の表というんだ」

そう言うと先生は,さっきの分布の端を指さした。

「この表の上に書いてある確率は,分布の片方だけを表すんだ」

それを聞いて,私は納得した。片方で 0.025,だから両方で 0.05 か。

「分布表には,片側確率のものと,両側確率のものがあるんだよ。ほら,

4月 だいたい

こっちのテキストには，両側確率の表が載っている」
　先生は，もう1冊のテキストを開いて見せてくれた。表の上に，たしかに「両側確率」と書いてある。なるほど。
「まあとにかく，t には 2.262 を四捨五入して 2.26 を入れることにしよう。計算してみる？」
　私は，さっきの数式に1つずつ数字を代入して，計算していった。
　まず，左側から。

$$
\begin{aligned}
65 - 2.26 \times \frac{10.1}{\sqrt{9}} &= 65 - 2.26 \times \frac{10.1}{3} \\
&= 65 - 2.26 \times 3.37 \\
&= 65 - 7.62 \\
&= 57.38
\end{aligned}
$$

おおよそだけど，57.4kg だ。
次に右側。引き算が足し算になるだけだから……

$$
\begin{aligned}
65 + 2.26 \times \frac{10.1}{\sqrt{9}} &= 65 + 7.62 \\
&= 72.62
\end{aligned}
$$

おおよそ，72.6kg になった。
私は顔を上げ，先生に言った。
「先生，母平均の 95% 信頼区間は，57.4kg から 72.6kg です」
「標本平均は 65kg だよね。この幅についてどう思う？」
言われてみれば……。
「65kg の人が 72kg に体重が増えたら，ずいぶん太ったように見えますし，57kg になったらずいぶんやせて見えるように思います」

「10人の体重の平均値からは，何度もデータをとると95%の確率で母集団の平均値がその間に入ってくる，ということしか言えないね」

「得られたデータから平均を出すだけでは，ダメなのですね」

「ダメというわけではないんだが，それくらい幅をもたせて考えてほしいってことだね」

「はい，わかりました」

「もちろん，サンプルを大きくすればこの幅は小さくなっていく。nで割り算しているし，自由度が大きくなればt値も小さくなっていくから，数式からも明らかだけど」

ああ，そうか。それはそうだな，と思った。

「それからものすごく大雑把に，だけどね，母平均の信頼区間は，平均プラスマイナス標準偏差2つぶん，って覚えておくといいんじゃないかな。多少のズレはあるけれど，正規分布だと平均からプラスマイナス標準偏差2つぶんズレると，だいたいその間は95%なんだ」

「標準偏差2つぶん，ですか」

「あと，今日はくわしく説明しないけれど……ベイズの定理を用いた推定法もある。その方法を使えば，もっと直接的に，真の平均値が95%の確率でこの範囲にある，という推定を行うことができる。まあそれはまた，どこかで目にすることがあるだろうね」

帰 り 道

私は，研究室を出て，カフェテリアの前を歩いていた。もう日が暮れかけている。カフェテリアの影が長く伸びていた。

ふと見ると，1人のおばさんが黒いかばんを肩から下げて，カフェテリアから出てくるところだった。

「あっ」

昼間，おじさんにどなられていた市川さんだ。倉田君がお世話になっていたという。
　私は，市川さんの方に歩いて行った。
「お疲れさまです。こんにちは」
　市川さんがこちらを見る。意外とがっしりした体格だな，と関係ないことを思った。視線を市川さんの顔に向ける。にこっとほほえみかけてくれた。
「こんにちは。あなたそういえば，ジュンくんと一緒にいた子ね」
　ジュンくん……倉田君のことだ。
「ええ，そうです」
「いつも食べに来てくれてありがとうね」
　そうか，いつも倉田君と一緒にいるから覚えていてくれているんだ。
「そういえば今日……」
　私は，今日の昼におじさんにどなられている様子を思い浮かべた。
「ああ，あれね。騒がしちゃってごめんなさいね」
「いえ，それより，そのあとは何もなかったのですか」
　あのまま騒ぎが収まってくれていればいいのだけれど，と思った。
「あのままよ。あのあとは何もなかったわ。心配してくれてありがとうね」
　私は，少し躊躇したが，思い切って切り出してみた。
「あの……よかったら，ごはんの重さ，量らせてもらえませんか？」
　突然の申し出に，おばさんは怪訝そうな顔をした。そりゃそうだなあ，と自分で思った。唐突すぎる。
「えっと，あの，あのおじさんのごはんの量がどうだったのかは知りませんけれど，あんなことを言われたら腹が立つじゃないですか。だったら，普段のごはんの量がどれくらいで，どれくらいなら少ないのか，実際に量ってみたらわかるかなって思って」
　さっき勉強したことだ。何杯かのごはんの重さを量って，区間推定で全体の重さを推定すればいい。100杯くらい量れば，きっとずいぶん正確な重さが推定できるはず。そうすれば，あのおじさんがいくら「少ない」と言った

としても，本当に少ないのか普通の範囲内なのか，はっきりとわかるだろう。
　私は，わかってもらいたくて一所懸命に説明した。
「ありがとうね。一所懸命考えてくれたことは，とても嬉しいわ。でもいいの」
　いいの？　はっきりさせなくていいのだろうか。
「いいのよ。それよりも，明日も食べに来て。絶対よ」
　市川さんはそう言い残して，私が帰るのと反対方向へと歩いて行った。
　あたりは，すっかり暗くなっていた。
　私は，何か釈然としないまま，歩き出した。

再び，カフェテリア

「ミライー，この席空いているよ」
　翌日のカフェテリアも，新入生を中心にごった返していた。あおいに倉田君，3人でテーブルにつく。昨日と同じ，私はオムライス，あおいはパスタ。倉田君はハンバーグのランチプレートだ。
「昨日のおじさん，また来るんじゃない？」
　あおいが言う。その言葉を聞いて，倉田君の顔が少しこわばる。
「来たよ，ほら」
　あおいが言う。作業服を着たあのおじさんが，カフェテリアの行列に並んだ。多くの学生も，昨日あった出来事を知っている。知らない学生は，知っている学生からこそこそと状況を説明してもらっているようだ。
「ごはんをもらうところだよ」
　あおいがいちいち，解説してくれる。
　おじさんは，市川さんのところへ行ってごはん茶碗を受け取る。
　数歩歩いて，手元のごはんを見る。
　立ち止まった。

レジの横にある台に，お盆を勢いよく置く。
市川さんの方を振り向く。
何か叫んだ。「出てこい！」。こう言っているようだ。
市川さんが，カウンターから出てきた。
これって，まずいんじゃない？
「ヤバい」
倉田君がそう言って，立ち上がった。
次の瞬間。
おじさんが市川さんの手に触れたと思ったら，おじさんの方が床にひっくり返った。
「えっ，何が起きたの」
カフェテリアにいた学生全員が，同時にそう思ったに違いない。
ただ1人，倉田君を除いて。

夕焼けの中，人気の少ない図書館前のベンチに3人で座っていた。
「市川さん，小さい頃にお世話になったんだ」
倉田君が言う。
「合気道の先生なんだ」
ああ，そうなんだ。
倉田君は，小学生の頃に合気道教室に通っていた。そこで教えていた先生が，市川さんだったというわけだ。
「だったら，昨日はなんで助けに入ったのさ」
あおいが尋ねる。
「市川さんじゃないよ。おじさんに忠告しようと思ったんだ」
倉田君は，痛い目を見るのはおじさんだとわかっていたから，それを止めようと思って間に入ったらしい。
それに，どうも，市川さんはわざとごはんを少なくよそっていたのではないか，と倉田君は言う。

あのあと，おじさんは大学の職員数名に連れて行かれた。たしかにひっくり返ったのはあのおじさんだが，市川さんに先に手を出したのも，あのおじさんだ。そしてどうも，話を聞くなかで，カフェテリアの横のトイレの覗き事件の犯人が，あのおじさんであるらしいことがわかってきたという。
　倉田君は昨晩，久しぶりに市川さんが先生をしている道場に行ってみたのだという。
　「7年ぶりだったよ」
　倉田君は言った。そこで，同じく合気道の先生をしている市川さんの息子さんに会ったのだという。息子さんによると，市川さんは覗き事件の犯人を突き止めた，だから何とか捕まえたい，と言っていたのだという。
　市川さんもカフェテリアの横のトイレをよく使うのだが，あのおじさんがよく女子トイレの周辺にいるのを目撃していたというのだ。そして覗き事件の日も。被害者の叫び声の直後に，あのおじさんが走り去っていくのを目撃したのだという。
　ここからは，倉田君の推測だ。
　「でも，犯人だという直接の証拠はない。だからわざと，この1週間，あのおじさんのごはんを少なくして怒らせたんだよ。そのおじさんが何かもめごとを起こせば，彼がどんな人なのか，ほかにも何か問題を起こしていないかが明るみに出るかもしれないからね。そうすれば，事件のことも明らかになるだろうって，考えたんじゃないかな」
　たしかに，結局は市川さんの思い通り……もちろんこれは倉田君の推測だけれど……になったようだ。
　今日も市川さんは，学生たちのためにカフェテリアのカウンターで料理を盛りつけている。
　市川さんの笑顔が以前よりも晴れやかに見えるような気がした。

5月 くらべる

t 検 定

　ゴールデンウィークも終わり，キャンパスの木々の緑色は，いっそう濃くなった。木陰もいっそう暗くなり，日なたとのコントラストもくっきりしてきた。
　5月に入ると，すれ違う学生たちの顔ぶれも少し変わったように思える。1年生も新入生という感じではなく，話し声も表情も落ち着いてきた様子だ。それに，4月はじめのごった返したキャンパスではなくなっている。あんなにいた学生はどこに行ってしまったのだろうか。
　それは，新入生たちが大学生活に慣れてきた証拠だろう。やみくもにキャンパスの中を歩くのではなく，行動が洗練されてきたのだ。みな，必要なときに必要な場所に行く。だから，キャンパス内に余裕が生まれる。
　行き交う学生たちの顔を観察してみる。あれは1年生かな，こっちは3年生くらいかな。あのリクルートスーツは，就活中の4年生か。
　そんなことを想像しながら，教室に向かった。

　2限目の授業が終わり，昼はいつものようにカフェテリアに行った。あおいを見つける。
「あれ，倉田君は？」
　私が尋ねると，あおいが言った。
「風邪ひいたんだってさ。今日は休み」
　先月はじめ，倉田君は食堂で騒動を止めに入った。あれはちょっとかっこ

よかったな。
「ゴールデンウィーク，一緒に遊びに行ったんでしょう」
私は尋ねる。
ゴールデンウィークに，あおいと倉田君は一緒に隣の県の大型遊園地へ遊びに行ったと聞いている。そう，2人は今年に入ってからつき合い始めた。
「それがさ，聞いてよ」
あおいが思い出すのも嫌そうな顔をして言う。
「倉田，絶叫マシンが全然ダメでさ」
「あおい……好きそうだよね」
「うん，大好きだよ」
屈託のない笑顔。何だか，あおいらしくて私も笑えてきた。それにしても，あおいに連れられて無理やり絶叫マシンに乗せられた倉田君の顔，一度見てみたいなあ。

食事を終えて話をしていたときのこと。ふと，あおいが言い出した。
「ねえねえ，去年の秋学期に，心理学概論の授業を受けたでしょ」
「ああ，原須先生の概論ね」
原須好成(よしなり)先生は，心理学科の教授で，学習心理学を専門にしている。1年の秋学期の心理学概論を担当していた。
「ウワサになっているんだけど，あの授業で，単位を落とした学生が20人もいたんだって」
「あれって，必修の単位だよね」
心理学科には，卒業に必修となる単位の授業がいくつかある。1年生のときに履修した実験実習の科目もそうだし，心理学概論の授業もそうだ。必修の授業は，課題をこなしてテストを受け，単位を取得しないと卒業することができないことになっている。
「そう。概論の単位がないと，卒業できないんだよね」
「あの授業，20人も不可だったのかあ」

あおいがまじめな顔で尋ねる。
「私はぎりぎりCで通っていたんだけど，ミライはどうだった？ まさか，不可だったわけじゃないよね」
私は，この春にもらった成績表を思い出していた。
「うん，不可じゃないよ。Aだったかな」
「くぅー，ミライがA$^+$じゃなくてAだったなんて，やっぱり厳しかったんだなあ」
あおいが嘆く。そんなことはない。私の成績はA$^+$ばかりじゃないのに。
「それでさ，知ってる？」
あおいが言う。コロコロと表情が変わるところも魅力的だ。
「去年は原須先生が担当だったじゃん。その前の年は，江熊先生が担当だったらしいんだよね」
そうなんだ。
「へえ。前の年に誰が担当だったかなんて，わからないもんね」
授業科目の担当者って，変わることがあるんだ。

ふと気になって，尋ねてみた。
「ところで，江熊先生のときは，何人が単位を落としたのかな」
「そんなの，知らないよぉ」
あおいが答える。そりゃ，普通知らないよね。

成績の比較

「あ，庭瀬さん，西永さん」
「高槻先輩，お久しぶりです」
高槻遙先輩は，江熊ゼミの4年生だ。昨年，ふとしたきっかけで知り合うことになった。就職活動と並行しながら，卒業研究にも精力的に取り組んでいると聞いている。
「座っていい？」
先輩は向い合って座る私とあおいの直角の位置に座った。
いま話題になっていた，心理学概論の話を高槻先輩にした。
「大学の成績っていうのはね，100点満点で60点以上が合格になるの。この大学では，59点以下だとFで不合格，60点台がC，70点台がB，80点台がA，90点から100点がA^+っていう成績になるんだよ」
高槻先輩が教えてくれた。成績表には点数は出てこないので，知らなかった。先生たちは，点数からこういうルールで成績をつけているのか。
「授業履修の手引きに載っているよ」
高槻先輩はそうも言っていたのだが，正直言って，ちゃんと読んでいなかった。こういうことを教えてくれる先輩は，とてもありがたいと思う。
「先輩のときの心理学概論は，どうでしたか」
私は高槻先輩に尋ねてみた。
「1年生の秋学期だから，もう2年半も前になるのね。私のときは江熊先生が授業をしていて……そうね，単位を落とした学生が何人いたのかは覚え

ていないなあ。ただ，先輩も6人か7人くらい授業を受けていたから，その前の先輩は，きっとそれくらいの人数が単位を落としていたんだろうね」
　高槻先輩が履修していたときでも，前の年に単位を落とした先輩が受講していたのか。
「ということは，きっと10人もいないくらいですよね。2，3人は退学や休学をしているかもしれませんし」
　あおいが推理して答える。
「一昨年，私が2年生のときもたぶんそれくらいよ。実習のデータ集めのために，1年の概論の授業で調査をさせてもらったわ。その年もやっぱり，再履修をしている私の同級生の顔を6〜7人見かけた記憶があるわ」
　高槻先輩の話に基づけば，20人も単位を落とすというのは，いままでに比べて明らかに多そうだ。
「一番の原因は，原須先生の厳しさにあると考えているみたいね」
　高槻先輩が言う。
「そうですね，そう言っている同級生は多いと思います」
　秋学期，他の学生の中にもそういう感想を言っていた人がいたのを思い出す。
「だってもう，ホントに厳しかったんですから」
　あおいも嫌そうな顔で言う。
「私たちの前の年は，何人が心理学概論の授業を受けていたのかな」
　ちょっと気になって，言ってみた。
「なんで？」
　あおいが反応する。
「だって，江熊先生の年に落ちた学生が10人いて，原須先生の年に20人っていっても，全体で何人いるかが問題じゃないのかな。その中での割合が大事というか」
「あなたたちが受講していたときの心理学概論は，全員で90人だったわ」
　高槻先輩が言った。どうして知っているんだろう。

「どうしてわかるんですか」
あおいが不思議そうな顔で尋ねた。
「ほら，私，去年もあの授業で卒業研究に向けた調査をしたの。そのときに原須先生から，受講生の人数を聞いたのよ」
なるほど。それにしても高槻先輩って，2年生のときも3年生のときも心理学概論の授業で調査をしているんだ。すごいな。

昼休みはあと5分。学生たちが教室に急ぎ始める。
「あっ」
事務室の前で，江熊先生を見つけた。あおいと2人，急いで駆け寄る。
「先生！こんにちは」
あおいと声を揃えて言った。先生は驚いた顔でこちらを見て，少し安心した顔を見せた。
「何だ君たちか。どうしたの」
頭の中で，一瞬，どうしようか迷ったが，思い切って口にしてみた。
「先生，一昨年の心理学概論の受講生数を教えていただけませんか」
先生のにこやかな笑顔が消えて，少し怪訝そうな表情になった。
「どうして，それを知りたいの」
まあ，当たり前の反応か……と躊躇しているところで，あおいが説明し始めた。
「私たちの前の年，先生が心理学概論の授業をしていたのですよね。私たちは原須先生に教えていただきました。でも，どうも単位をもらえなかった学生が多いっていうウワサがあるんです」
すると先生は言った。
「90」
え？
「90人だよ。僕が担当していたときの受講生の数。君たちの年と同じだ」
「ありがとうございます」

少しあっけにとられているあおいを横目に，私が答える。さらに先生は言う。
　「受講生数は秘密の数字でも何でもないからね」
　よかった。教えてもらえた。
　「それで，カイ2乗検定をするつもりなんだろう」
　そうだ。比率の差を検定するには，**カイ2乗検定**をするのがいい。1年生の冬に，江熊先生に教えてもらった統計手法だ。[★2]
　「はい，やってみようと思います」
　先生は軽くほほえみ，こう言った。
　「結果が出たら，研究室においで」
　時計を見ると，授業が始まる時間だ。私とあおいは教室へと走った。

カイ2乗検定

　「一昨年も昨年の私たちと同じ，90人の受講生だったというわけね」
　授業後，大学の近くにあるレストランにやってきた。ここのセットメニューは，ボリュームがあっておいしいと学生たちに評判だ。
　昼と同じ，高槻先輩にあおいに私というメンバー。夕方にあおいに会うのは珍しいが，今日は倉田君が風邪でダウンしているのでってことか。
　「まず，**クロス集計表**をつくりましょう」
　高槻先輩に言われ，かばんから取り出したノートに線を引く。そして，その枠の中に数字を入れていく。
　「ここに記入された人数は，実際に観測された数なので**観測度数**というのよ。パーセンテージも計算してみましょう」

　★2　小塩 (2013) p. 205 を参照。

5月　くらべる

	合格	不合格	合計
江熊	80 (88.9%)	10 (11.1%)	90 (100.0%)
原須	70 (77.8%)	20 (22.2%)	90 (100.0%)
合計	150	30	180

パーセンテージは授業の担当者ごとに算出してみた。

「2年前の江熊先生のときの不合格率が 11.1% で，去年の原須先生のときが 22.2% ね。まさに倍増か」

高槻先輩が言う。

「うわあ，原須先生が担当する年に入学した私たちって，なんて不運なの」

あおいがちょっとおおげさに言う。

いや，でもおおげさではなく，本当にそうなのかもしれない。入学年度によって大きく不利益が生じるのであれば，それは大学として問題なのではないだろうか。

「そうそう，カイ2乗検定をするときには，**期待度数**を計算しないとね。周辺度数から，中間の値を算出して，期待度数としましょう」

「どういうことですか？」

私が尋ねた。

「一昨年の授業は簡単すぎて，去年は難しすぎたと仮定してみるの。期待度数というのはそういう差がなかったときにどうなるかを表すものよ。合格者数の総数は 150 人だからその半分の 75 人，不合格者の総数が 30 人だから，その半分の 15 人を期待度数とするの」

期待度数

	合格	不合格	合計
江熊	75	15	90
原須	75	15	90
合計	150	30	180

なるほど，**周辺度数**，つまり枠のまわりの数字は同じで，中身は簡単なときと難しかったときの中間の数字になっている。

「じゃあここから，カイ2乗値を計算するのですね」

あれ，半年くらい前にも同じセリフを言ったような気がする……。まあ，いいか。

私は，統計の授業で使ったテキストをかばんから取り出し，カイ2乗値の数式を見つけた。その式を，紙に書きとめる。

$$カイ2乗値 = \frac{(観測度数 - 期待度数)^2}{期待度数} \text{の総和}$$

「カイ2乗値は，こういう数式でした。これに，今回のデータを当てはめます」

私はそう言って，数字を当てはめて計算し始めた。

$$\begin{aligned}
カイ2乗値 &= \frac{(80-75)^2}{75} + \frac{(70-75)^2}{75} + \frac{(10-15)^2}{15} + \frac{(20-15)^2}{15} \\
&= \frac{25}{75} + \frac{25}{75} + \frac{25}{15} + \frac{25}{15} \\
&= 0.33 + 0.33 + 1.67 + 1.67 \\
&= 4.00
\end{aligned}$$

5月 くらべる

カイ 2 乗値は，4.00 か。

「高槻先輩，カイ 2 乗値は 4.00 になりました。**自由度**は……」

「1 ね」

先輩がすかさず答える。さすがだ。

「ねえ，自由度って，何だっけ」

あおいが尋ねる。これ，1 月に江熊先生に教えてもらったことだ。[★3]

「あといくつの値が決まれば，残りの値が決まってしまうかという数，と聞いたことがありますけれど……」

私はうろ覚えで答える。高槻先輩は少し驚いて。

「そう。私もそういうふうに覚えているわ。2 × 2 のクロス表の場合，1 つの値がわかれば残りの値は入ってしまうの。もちろん，合計の値がわかっている状態での話だけれど。例えば，原須先生の合格者数が 70 人だとわかれば，合格と不合格で合計 90 人だと決まっているから，原須先生の不合格者数は 20 人，両先生の合格者数の合計は 150 人だと決まっているから，江熊先生の合格者数は 80 人，と値が入っていくのね」

そうそう，そういうことだった。

「庭瀬さん，統計の教科書を持っているかしら。自由度 1 のカイ 2 乗値の数表があるはずだから」

そうだ。以前に江熊先生の研究室でも見た表のことだ。先月は，t 分布の表を見たな。そんなことも思い出した。統計の教科書を開く。

自由度 (n)	片側確率 (a)		
	.10	.05	.01
1	2.706	3.841	6.635
2	4.605	5.991	9.210
3	6.251	7.815	11.345

★3　小塩 (2013) p. 207 を参照。

「自由度 1 のとき，片側 5% で 3.841，片側 1% で 6.635 です。4.00 というのは……5% 水準で有意ですね」
「ねえねえ，片側って，何？」
突然，あおいが尋ねてきた。そう，先月もこれが話題になった。江熊先生の研究室で，だけれど。
「**片側検定**と**両側検定**というのがあるの。カイ 2 乗値や t 値といった統計値を，どう利用するかというところから，この検定の名前が来ているんだけど」
高槻先輩が答えてくれた……本当に助かります。
先輩は，ノートに正規分布のような図を描いて，両方の裾野のあたりを黒く塗った。

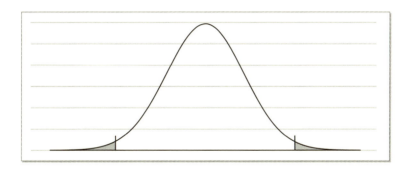

「統計的な検定をするとき，t 値やカイ 2 乗値なんかの統計値を算出するよね。その値が，このあたりにくると，「検定の結果は有意です」となって，**帰無仮説**が棄却されるのね」
「帰無仮説というのは，差がない，という仮説のことですね」
あおいにわかるように，また自分のためにも，確認の言葉を挟んだ。
「そう」
高槻先輩がうなずく。

「それに対する仮説が……」

「**対立仮説**ですね」

高槻先輩の言葉にかぶせるように，私が答える。

「その通り。庭瀬さんはバッチリね」

大丈夫かな……そっとあおいの方を見ると，けっこう真剣な目つきでノートを見ていた。ちゃんと話についてきているようだ。

「この対立仮説の立て方って，1つじゃないのよ」

そう言うと，先輩はまたノートにメモを付け加えた。

> ● 帰無仮説 :「江熊先生の授業と原須先生の授業で不合格者の人数に差はない」
> ○ 対立仮説1:「江熊先生の授業と原須先生の授業で差がある」
> ○ 対立仮説2:「江熊先生の授業よりも原須先生の授業のちが多い」
> ○ 対立仮説3:「江熊先生の授業よりも原須先生の授業のちが少ない」

「対立仮説が3つもあります」

私もノートを真剣に見て，言った。

「そうね。この中で，対立仮説1と，2，3とは，ちょっと種類が違うの」

何が違うんだろう……そうか。

「1は，差があるっていうだけで，どちらが多いかっていう仮説じゃないんですね」

あおいが言う。私の発言をとられてしまったような形になった。でも，あおいがこういう話にちゃんと乗ってきてくれるのは久しぶりでちょっと嬉しい。

「その通りよ，西永さん。対立仮説1は，江熊先生の授業での不合格者が多い場合も原須先生の授業での不合格者が多い場合も，両方を含むの。だから，両側検定になるの。対立仮説2と3は，どちらかが多いとだけ言ってい

るから，片側検定」
　へえ，面白い。そう思った。仮説の意味の量が倍になるから，片側と片側であわせて両側だなんて。先月の江熊先生の研究室で見た t 分布表も，これが関係していたのか。
　「今回問題になっている心理学概論の場合も，一昨年より去年の不合格者が多いというのが対立仮説になりうるから，片側検定でいいと思うわよ」
　5％水準で有意 —— 一昨年の江熊先生の授業よりも昨年の原須先生の授業の不合格者は有意に多い —— これが，私たちの結論だった。

別の方法

　翌日。倉田君は，今日も風邪でダウンしているそうだ。今日もあおいは少しつまらなさそうに見えた。
　授業後，あおいと2人で江熊先生の研究室を訪れた。
　「……ということで先生，検定の結果は5％水準で有意で，一昨年の心理学概論よりも，昨年の概論の方が，明らかに不合格者が多いという結果でした」
　先生は，私の目をじっと見ながら，真剣な顔で聞いていた。
　「前に教えたカイ2乗検定をちゃんと使って結果を出したところはとてもいいね」
　ほめられたのに，ちょっと引っかかる言い方だな，と思った。
　「そうそう，昨日の夕方，原須先生と話をする機会があったんだ。そのときに，昨年の心理学概論の成績の平均値と標準偏差を教えてもらった。もちろん，僕が一昨年に教えた心理学概論の平均値と標準偏差も計算してある。知りたいかな」
　先生はわざわざ原須先生に昨年の成績がどうだったかまで，聞いてくれたようだ。でも，どうして？

「先生，どうしてですか。不合格者の人数を検定して差があったんだから，昨年の心理学概論は一昨年に比べて不合格者が多い，という結論になるんじゃないのでしょうか」

あおいが，不満そうに言った。

「まあまあ，せっかくの機会だからさ，ついでにもう1つ勉強してみたらどうかなって思って。平均値と標準偏差，それに人数がわかっているから，この情報から平均値の差を検定することができるんだよ」

平均値の差……か。比率の違いを調べるだけでは，十分ではないって，先生は言いたいのだろうか。

「平均値の差，ですか」

「そうそう。先月，t値という値が話の中で出てきたじゃないか。そのt値を使う検定だから，t検定ってよばれているんだ」

「t検定……」

「先月も庭瀬さんに聞いたような気がするんだけど，1年生の統計の授業で習ったんじゃないの」

私はあおいと目を合わせた。あおいは，首を斜めにしている。思い出せないのかな。私は……何となく思い出したような気がする。

「日浅先生の授業でやったように思います。でも……正直，忘れてしまっています」

本当に，試験が終わってすっかり忘れてしまっている。これではいけないのだけれど……。

「検定の仕方は，君たちがやったカイ2乗検定と同じだよ。帰無仮説と対立仮説を立てて，統計量を計算する。そして，確率判断をする」

手順は同じか。じゃあ，できるかもしれない。さらに先生は続ける。

「また，高槻さんと一緒にやるんじゃないの。彼女なら，ちゃんと教えてくれると思うよ」

たしかに，今晩も一緒に食事をする約束になっている。倉田君がダウン中なので，あおいも一緒だ。というより，倉田君に会えないあおいを励まそう

というねらいが半分なのだけれど。
「わかりました。やってみます」
私は先生に言った。先輩が一緒なら，何とかなりそうな気がする。
先生は，机の上においてあったメモ用紙を私たちに差し出す。
「平均値と標準偏差は，この紙に書いてある。あと，原須先生のときの成績も僕のときの成績も，だいたい正規分布になっていて，分散に有意な差はない，ということにしておこう」
私は紙を受け取りながら，最後の方の言葉の意味がわからず，あおいと目を合わせた。
先生は続ける。
「まあ，そう高槻さんに言っておいてくれるかな。t 検定をする前提条件は満たされているよ，ってね」
「はい。伝えます」
私が答える。あおいはその後すぐ，先生に尋ねた。
「先生，こういう情報を私たちに教えちゃって，大丈夫なんですか？」
先生は，一瞬だけ意表を突かれたという表情をしたが，すぐに答えた。
「学内で公表されている資料には，各科目の平均点が出ているから，それに分散の情報を加えたからといって何か問題になるとは思えないね。まあ，とにかく，結果が出たらまたおいで」
t 検定の前提条件というのは何だかよくわからないが……。いや，とにかく。
「はい，わかりました。考えてきます。ありがとうございました」
私とあおいは，江熊先生の研究室をあとにした。

t 検定

その日の夕方，私とあおい，高槻先輩は，大学の近くにあるレストランに

再びやってきた。

「先輩，江熊先生のところに行って，情報を手に入れてきました。この情報を使うと，**t 検定**ができるらしいですよ」

私はそう言って，江熊先生にもらったメモ用紙をかばんから取り出した。

「先輩，t 検定はできますか？」

あおいが高槻先輩に尋ねる。

「t 検定ねえ……。卒業研究の中でも使っているけど，コンピュータで計算したから，手計算で求めるのは久しぶりだな」

心理学科の先輩たちは，コンピュータで統計処理をしているのだった。コンピュータ室では，先輩たちが数値計算の課題や卒業研究のデータ解析に取り組んでいる姿をよく目にする。私たちは，まだそういう授業を受けていない。教科書に従って，紙と鉛筆と，電卓（といってもたいていスマホだけれど）で計算することばかりだ。

「それで，原須先生の授業の成績の平均値と標準偏差，江熊先生の授業の平均値と標準偏差を教えてもらったというわけね」

「そうなんです」

私は，高槻先輩がよく見えるように，メモ用紙を先輩の方に向けて差し出した。

「こんな数字，よく教えてくれたわね」

「そうですよね」

私が答える。

「先生のことだから，まだ何かたくらんでいたりして」

あおいが言う。たしかに。江熊先生のことだから，どんな結果になるかくらいはわかっているだろう。きっと，その後のことも何か考えがあるに違いない。

「じゃあ，食事が来る前に計算しちゃいましょう」

先輩が言った。

2人でメモ用紙を覗き込む。

「**平均値**と**標準偏差**は，ここに書いてある通りです」
私は，メモ用紙を指さした。

	平均値	標準偏差	人数
江熊	81	20	90
原須	72	20	90

「標準偏差は，一昨年と昨年で同じなのね」
高槻先輩が言う。ここで，江熊先生の言葉が思い出された。
「先輩，江熊先生は，分散に有意な差はないから，t 検定の前提条件は満たされている，と言っていたように思います」
先輩はその言葉を聞き，うなずいた。
「t 検定の前提条件って，何ですか」
あおいが尋ねる。私もそれを聞きたかった。
　先輩は少し戸惑った表情をしたあと，「ちょっと待ってね」と言ってかばんの中から心理統計のテキストを取り出した。ページをめくって「そうそう」とつぶやく。
「t 検定っていうのは，2つのグループの間の平均値の違いを検定するために行うのね」
「だから，原須先生の授業と，江熊先生の授業との成績の平均値の比較にも使えるというわけですね」
「そういうこと。その前提となるのが，2つのグループの得点分布の形と，その分散なの」
　そこで，江熊先生が言っていたことをもう一度思い返す。
「江熊先生は，どちらの得点も，だいたい**正規分布**になる，と言っていました」
　高槻先輩は私の方を見て，うなずく。
「それが1つ目のポイントね。t 検定は，**母集団**……標本じゃなくて母集

団ね……が，正規分布になっているときに，ちゃんと正しい結果が出るとされているの」

　正規分布が前提なのか。だから，江熊先生はそれをわざわざ言ったのだな。

「もしも，正規分布に従っていなかったら，どうなるんですか」

　あおいが言う。たしかにそうだ。データをとって，正規分布になっていなかったら，どうするんだろうか。

　高槻先輩は答える。

「まず，母集団がそもそも正規分布になっていることを仮定できるかどうか，だと思うわ。例えば，テストの得点や身長なんかは，正規分布が仮定できるでしょうね。でも，体重なんかは完全な正規分布じゃないわ」

　体重の分布については，先月，江熊先生の研究室で見た。左によっていて，右に裾野が長い分布になる。体重の重い人も軽い人もいるけれど，軽さには限度がある。

「ただね，**サンプルサイズ**が大きくなればなるほど，多少母集団が正規分布になっていなくても，t 検定で問題がない結果になるって，どこかで読んだことがあるわ。たくさんサンプルをとると，その平均は正規分布になっていくっていう……」

「**中心極限定理**ですね」

　私が途中で割って入った。先月覚えたばかりの言葉なので，つい使ってみたくなったというのが正しい。

「よく知っているわね。統計の授業で習った？」

　江熊先生に研究室で教えてもらった……とは，ちょっと言いづらいので，ほほえんでごまかそうとした。

「とにかく，サンプルが大きいといいという話ね。もう1つは，2つのグループの分散が等しい方がいい，という話なの」

「分散が等しい，というのは，標準偏差が等しい，というのと同じですか？」

　あおいが質問する。

「そうよ。分散の平方根が標準偏差，標準偏差の 2 乗が分散だからね」
「あ，そういえばそうだった」
あおいが，いけない，そうだった，という顔をする。
「でも，分散が完全に等しいということは難しいですよね。今回の成績だと等しいみたいですけれど」
私が疑問を口にする。
「そうね。完全に一致するってわけじゃないわ。だから，分析するときには，最初に F 検定というのをするの。この F 検定で有意になると，「両グループの分散の大きさが違う」ということで，F 検定で有意じゃないと「違うとはいえない」ということになるの」
「じゃあ，F 検定で有意じゃなかったら，t 検定ができるのですね」
「そうなのよ」
先輩は返答し，テーブルの上にあったコップから水を口に含む。
「でも，じゃあ有意だったら，どうなるんですか？」
あおいが間髪入れずに言う。そうだ。有意だったら，t 検定ができないということになってしまうのだから。
「そういうときは，**ウェルチの検定**という方法を使うの」
「ウェルチの検定」
私とあおいの声が揃った。これも，授業で聞いたような気もするが，あまりよく覚えていない。あおいもそんな顔をしている。
「t 検定の改良版のような方法だと思っておけば良いんじゃないかな」
改良版……。
「t 検定を行うには，まず t 値を求めて，次に自由度ね。自由度は 2 つのグループのデータ数を足してそこから 2 を引いた値になるわ。自由度がわかれば，t 値の表から有意かどうかを判断することができるのよ。自由度は，ギリシャ文字の ν だったかな，で書かれているときもあるけれど」
あ，これも先月見た表のことだな。たしか，n や ν で書かれた数字の部分があった。

「庭瀬さん，統計のテキストの索引を見てみて。ウェルチの検定の自由度の数式，載っているかしら」

私はテキストを開く。索引の「う」の項を探す……あった。

「ありました」

ああ，でも何だか難しそうな式だ。

$$\nu \approx \frac{\left(\dfrac{s_1{}^2}{N_1} + \dfrac{s_2{}^2}{N_2}\right)^2}{\dfrac{s_1{}^4}{N_1{}^2(N_1-1)} + \dfrac{s_2{}^4}{N_2{}^2(N_2-1)}}$$

「そう。ウェルチの検定の場合，自由度はこの値を使うのね。分散が等しいかどうかを気にせず，どんなときもこのウェルチの検定をすればいいという話も聞いたことがあるわ。でも今回は，これを使わないで簡単な式を使って計算してみましょう」

よかった……。

食事が運ばれてきた。高槻先輩はドリアのセット，あおいはハンバーグプレート，私は白身魚のソテーのセット。

「食事が来ちゃったね，でもあと少しだから，食べる前に t 検定の計算をしちゃいましょうか」

テーブルの空いた小さなスペースに，平均値と標準偏差が書かれたメモ用紙と統計のテキストを開いた。

	平均値	標準偏差	人数
江熊	81	20	90
原須	72	20	90

「平均値と標準偏差がこれ。それから2つのグループのサンプルサイズが等しいわ」

高槻先輩が指さす。

「t 検定の数式はこれです」

私が数式の書かれたページを開く。

$$t = \frac{X_1 \text{の平均} - X_2 \text{の平均}}{\sqrt{\dfrac{\text{標準偏差}_1{}^2}{n_1} + \dfrac{\text{標準偏差}_2{}^2}{n_2}}}$$

＊自由度は $n_1 + n_2 - 2$。
＊n：各群のサンプルの大きさ。

「よし，計算しよう」

あおいが気合いを入れる。でもその直後に，

「ミライ，任せた」

何だ，あおいが計算するわけじゃないのか。

「分子は，81 から 72 を引けばよいですか？」

私は高槻先輩に尋ねた。

「72 から 81 を引いてもいいわ。t 値はマイナスになるけれど，プラスでもマイナスでも差があるかどうかの意味は同じなの。ここでは，わかりやすいように 81 から 72 を引きましょう」

私はうなずいて，計算を始めた。

$$t = \frac{81-72}{\sqrt{\dfrac{20^2}{90}+\dfrac{20^2}{90}}}$$

$$= \frac{9}{\sqrt{\dfrac{400}{90}+\dfrac{400}{90}}}$$

$$= \frac{9}{\sqrt{8.889}}$$

$$= \frac{9}{2.981}$$

$$= 3.019$$

「3.019 になりました」

私が計算結果を伝える。

「自由度は，90＋90－2 で，178 ね。t 値の臨界値を，テキストの数表で確かめてみましょう」

先輩はそう言うと，私の手から統計のテキストを受け取り，ページをめくり始めた。

「あったあった」

自由度 (n)	片側確率（a）			両側確率（a）	
	.05	.025	.01	.05	.01
100	1.660	1.984	2.364	1.984	2.626
200	1.653	1.972	2.345	1.972	2.601
300	1.650	1.968	2.339	1.968	2.592

「自由度 178 というのは載っていないの。だから，おおよそということで，自由度 200 で代用するわね。片側 5％で 1.65，両側 5％で 1.97，片側 1％で 2.35，両側 1％で 2.60 よ」

先輩が見せてくれた数表を指でたどりながら，私たちも確認する。

「計算した t 値が 3.02 だから，片側でも両側でも，1％水準で有意ということなのですね」

私が言う。

「やっぱり，去年の江熊先生の授業よりも，今年の原須先生の授業の方が，不合格になった学生も多いし，成績の平均点も低いってことじゃん。原須先生の授業って，面白くなかったし，試験も難しかったもんね。成績もやっぱり厳しくつけてあったんだね」

あおいが自分の発言にうなずきながら言う。

「今回のカイ2乗検定と t 検定でそれが明らかになったね。実際に経験したことで統計が使えると，役に立つなって思えるなあ。何だか楽しい」

私が答える。

「それにしても心理学科の先生たちって，みんな厳しいよね」

あおいがセットについてきたオレンジジュースを飲みながら言う。

他の学科の学生たちから話を聞いていると，心理学科の先生たちは，文系の他の学科に比べると厳しいようだ。出席・欠席も必ずとる授業が多いし，私語に対する注意も厳しい。レポートも遅れるのは厳禁。試験も難しい。

新入生はたいていそんなイメージをもって入学してこないので，驚くようだ。私たちもそうだったから。

「だけど思い出してみれば，心理学科の勉強って，とても充実していたな」

高槻先輩は言う。こう言ってくれる先輩がいると，とてもやる気が出てくる。

そのあと，私たち3人は，心理学科の授業や先生のことから恋愛，アルバイト，自分たちの将来についてまで，真夜中まで話し合った。

6月　まえおき

比較の前提条件

　6月最初の日曜日。今日はあおい，倉田君と3人で，市民球場に来ている。数日前，毎年開かれているC大学とA大学の野球の交流戦がこの日に行われることを知った。正門前でチケットが配られていたからだけれど。
　「面白そうだからいっかい見にいってみない？」というあおいの提案で，今日はこの市民球場にやってきたというわけだ。
　とはいえ，私はあまり野球のルールを知らない。
　「あおいは野球にくわしいの？」
　あおいに聞いてみた。
　「当然。うちの父ちゃんは筋金入りのドラゴンズ・ファンで，小さいときから何度も球場に連れていってもらったんだよ」
　「倉田君は？」
　「俺，いちおう中学時代は野球部だったからさ」
　そうなんだ。知らなかった。

野球の成績

　試合が始まった。
　「打て打てー！」
　あおいが叫ぶ。

カキン，という乾いた音を立て，打球が左中間に転がる。あの場所を「左中間」というのだということを，あとで知った。センターとレフトの間。
初回からC大学が1点を先制した。
「調子いいね」
私があおいと倉田君に言う。
「そうだね。点がとられないように，うちのピッチャーには頑張ってほしいな」
倉田君が言う。
1回裏。相手チームの攻撃。
いきなり，先頭打者がフォアボールで塁に出た。
「何だよー，いきなりフォアボールかよー」
あおいが溜息をつくように言う。
その後，もう1人にフォアボールを出したものの，何とか点を与えずに0点で相手チームの攻撃を抑えた。
その後は，どちらのチームも走者は出すものの，0点が続いた。
「このまま勝てるかな，うちの大学」
私が言うと，倉田君が答える。
「どうだろう，ちょっとあのピッチャー，フォアボールが多くてたくさん投げているから疲れてきてそうだなあ」
倉田君が言う通り，5回裏になるとC大学のピッチャーは肩で息をし，何度も汗を拭く場面が目立つようになった。
ちょっと雲行きがあやしくなってきたなと思った，そのとき。
「あれ，江熊先生じゃない？」
あおいが右側の通路を見て言う。
たしかにそうだ。江熊先生が，球場の観客席の通路を歩いていた。
ふと，目が合った。
先生が手を軽く上げながら「やあ」という口をし，こちらに近づいてくる。
「君たちも見に来ていたのか」

先生が意外そうな顔をして言う。
「先生は，いつも試合を見に来ているんですか？」
私がそう言うと，先生はグラウンドの方，マウンドの上に立っているピッチャーを指さして，言った。
「ほら，あのピッチャー，心理学科の4年生なんだよ」

いまマウンドに立っている心理学科の先輩は，滝野先輩というらしい。江熊先生のゼミ生ではないのだが，授業でよく会話を交わしたので，先生はたまに試合を見に来るのだという。
「彼は3年の春からエースで活躍していたんだ」
先生が教えてくれた。
「3年の春からですか。すごいですね」
倉田君が反応する。やっぱり，先輩たちがいるなかでエースになるっていうのは，すごいことなんだろうな，と思った。
「だけど，3年の秋に肩を痛めてしまって，しばらく試合に出られなかっ

たんだ。本人も悩んでいてね。でも何とか治って，この春から再びエースとして試合に出ている，というわけなんだ」

先生によると，3年生のときの成績は10試合で8勝2敗，4年生で復帰してからはこれまでの10試合で4勝6敗なのだという。

「あ，もしかして，勝率をカイ2乗検定しようとしているかな」

先生は言う。ちょっとやってみようか，と頭の片隅で思ったことを見透かされてしまったみたいだ。

「こっちはどう。昨年，彼が平均して1試合で失っている点は2点，今年は3点。標準偏差はいずれも1点だよ」

「先生，くわしい……」

あおいがつぶやく。

先生によると先日，滝野先輩が，先生のところに相談に来たのだという。自分では調子がいいつもりなのに，なかなか勝てない。だから，何が原因なのか，自分で見極めたいと。そのときに，野球部のいろいろなデータをもってきたらしい。

「僕はやり方を教えてあげて，彼は自分で分析しようとしたんだ」

そうだったんだ。

「先生，何勝何敗というデータは，カイ2乗検定でいいのですか」

先生は「違うんだよ」と言った。

違うの？

「まず，平均値の差でも比率の差でも同じなんだけど，データの対応があるのかないのかということが重要なポイントでね」

対応って，何だろう。

「対応って，何ですか？」

あおいが尋ねる。

「対応のある，というのは，比べる2つのデータに何か共通点がある場合なんだ」

比べるデータとデータに共通点，か。

「一番わかりやすい例で言えば，同じ人から繰り返しデータがとられていて，2回とられたデータの間の平均値を比べたり，比率を比べたりするのが，対応のある検定」

「同じ人，というのが対応なのですね」

私が言う。

「そう。同じ人じゃなくても，夫婦とか，同じ地域の人たちとか，何と何を比べるかによって対応があるかどうかは違ってくるね」

同じ人からとられたデータ，とは限らないんだ。

「2つの対応のあるデータの間で平均値を比較するときには，**対応のある t 検定**というのを使う。2つの対応のあるデータの間で比率を比較するときには，**マクネマー検定**だな」

対応のある t 検定に，マクネマー検定か。

「まあ，統計のテキストで調べてみるといいよ」

「じゃあ先生，滝野先輩のデータの場合も，対応のある t 検定やマクネマー検定を使って検定すればいいということですか」

話を聞いていた倉田君が先生に聞く。

「いや，それもまた問題でねえ」

それも違うの……？

「滝野君の場合は，タンイツジレイ，なんだよな」

タンイツジレイ……ああ，単一の事例，か。

「対応のない分析でも，対応のある分析でも，複数の人々からとられたデータを用いる。この前，君たちが分析したデータでも，90人の合格・不合格や得点を分析に用いたわけだろう」

「はい，そうです」

私は答えて，続ける。

「滝野先輩の場合は，1人のデータだということですね」

「そう。こういう場合は，**単一事例実験計画法**という枠組みで考えなきゃいけないんだな。分析手法はいくつかあるんだけどね……」

「単一事例実験計画法……」

先生も私たちの顔を見て，これは難しい，と思ったらしい。

「まあ，いいさ。こういうときにこういうことを考えるんだっていうことだけでも覚えておけば，いざというときには自分で調べることができるだろう」

使うときが来るのだろうか……。

比較する

試合は，C大学が2対0で勝利した。滝野先輩はあまり調子がよくなかったらしいが，それでも6回までを0点に抑えて，次のピッチャーに交代した。無事，勝利投手だ。

試合後，江熊先生は私たちを誘い，市民球場の近くの喫茶店に入った。

酸味の強そうな香りのコーヒーが4つ，テーブルに運ばれてきた。私とあおいはデザートにチーズケーキも。先生と倉田君はコーヒーだけ。

先生は，コーヒーをほんの少しだけ口に含み，言った。

「ところで，先月のt検定は，やってみたのかな」

私は先日のメモを取り出して言った。

「はい。t値は3.02，自由度は178で，1％水準で有意です。原須先生の講義の成績は，江熊先生の講義の成績よりも有意に低いという結果でした」

先生は私の言葉を聞きながら，もうひと口，コーヒーを飲んだ。

「大学の場合，F評価の不合格というのは60点未満の場合を指す」

先生が言う。

「そうなんですよね。先輩に聞きました」

あおいがチーズケーキにフォークをちょんちょんと刺しながら，言う。

「たしか僕の授業のときの平均点が81点，原須先生が72点だったね。この授業の成績を正規分布のような釣り鐘型の分布になっていると仮定して，

僕の授業が 80 点付近，原須先生の場合は 70 点付近を中心とした分布を描くと考えよう」

私は，頭の中に 2 つの山を想像した。一番頂上の部分が，80 点と 70 点だ。

「分布の横軸，60 点のところに縦線を引こう。そこから左側にいる学生は，不合格になる」

私たち 3 人は，うんうんとうなずく。

「授業によっては，得点分布が正規分布の形からかけ離れた場合もあるね。例えば，ゼミや購読演習といった少人数の授業で，正規分布に近い成績をつけることなんて，不可能に近いな。ちゃんとやっている学生には良い評価，授業に来ない学生は不合格，といった単純な成績しかつけることができない場合も多いだろうからね」

成績のつけ方なんて，考えたこともなかったけれど，先生の話を聞くと，たしかにそういうつけ方になってしまうように思える。

「今回の場合，合格，不合格というのは，連続的につけられた得点を，ある基準で区切った指標になっている」

そう言って，先生は私の頭の中で考えていたように，2 つの分布の山を重ねて描き，60 点のところに縦線を引いた。そして，合格，不合格という文字，それぞれの人数を書き入れた。

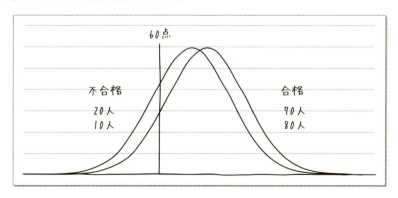

「比較する対象は，一昨年の授業と去年の授業だ。これは，連続していな

い。一昨年と昨年の中間に授業は開講されていないし，間の学年の学生もいない」

うん。これは当たり前のことだ。比較しているのは，一昨年の授業と，去年の授業。

私はケーキを飲み込んでから言った。

「そうです。間には授業もありませんし，1学年上の先輩と私たちとの間にも，中間の学年はありません」

先生は続ける。

「だけど，成績はそうじゃない。成績の評価としての得点は，連続的につけられているのだけれど，それを区切って成績としている」

先生は，少し間をおき，続けてこう言った。

「1年生のときにした**尺度水準**の話を覚えているよね[★4]」

「数字と意味との対応関係には，4つの水準があるという話ですね」

名義尺度，順序尺度，間隔尺度，比率尺度の4つだ。何かを何かと区別するための数字は名義尺度，区別に上下関係が加わると順序尺度，順序の幅が等しくなると間隔尺度，原点(0)が「ない」ことを意味すると比率尺度。例を挙げれば，電話番号や郵便番号が名義尺度，かけっこの順位が順序尺度，摂氏の気温は間隔尺度，長さや重さは比率尺度だ。あおいも倉田君も，授業で習った4つの尺度水準のことを思い出している。

「そう。連続的な数値をある基準で区切るというのは，間隔尺度や比率尺度を順序尺度や名義尺度に変換する，ということを意味する」

なるほど。尺度水準の変換か。

「ある野菜の，都道府県別の売り上げがあるとする。そのまま金額で表現しておけばいいのに，わざわざ都道府県ランキングのように，順序尺度に変換してしまう」

「それが，比率尺度から順序尺度への変換，ということですね」

★4　小塩（2013）p. 118 を参照。

倉田君が言う。みんな真剣に聞き入っている。
　そう，テレビ番組や雑誌，新聞記事などでは，たいていこの尺度水準の変換が行われているといってもいいだろうな。
　「どうしてそうするかというと，わかりやすいからだね。金額をそのまま言われてもピンと来ないが，順位だと「お，うちの県は3位か」と理解できる」
　3人はうなずく。
　「もっとも，理解できたような気になっているだけ，という場合も多そうだけどね」
　先生の話を聞くまで，わかりやすさと尺度水準の変換に関係があるなんて，思ってもみなかった。でも，言われてみればたしかにそうだ。
　「成績だって，得点をそのままつけておけばいい。だけど，それをわざわざ順位に変換することがある。そうだね」
　その通りだ。中学や高校のテストだって，予備校の模擬試験だって，順位に変換される。その順位を見て，一喜一憂するのだけれど。
　「合格，不合格は，連続的な得点を，ある基準で2種類に分割することを意味する。これは，間隔尺度から名義尺度への変換ともいえるね。まあ，合否を順序ととれば，順序尺度だといえなくもないが」
　「大学の成績も，同じことですね」
　あおいが言う。
　それを聞いて先生はうなずく。そしてこう言った。
　「比率尺度や間隔尺度といった高い尺度水準から，順序尺度や名義尺度といった低い尺度水準への変換はできるけれど，逆方向にはできないんだ」
　へえ，変換には方向があるということか。
　「ある県の野菜の売り上げが「第3位」だという情報があるとき，そこから売り上げの金額はわからない。金額がわかれば，何位なのかを判断することはできるけどね」
　たしかに。順位がわかっても，その順位のもとになった細かい情報はわか

らない。

　私は先生に言う。

「ということは同じように，成績が合格か不合格か，ということがわかっても，もとの得点はわからないということですね」

「その通り」

先生は再びコーヒーを口にした。

　江熊先生は，テーブルの入れ物にささっていた喫茶店のアンケート用紙と，ペンをとった。

　そして，アンケート用紙の裏面に，次のような図を描いた。

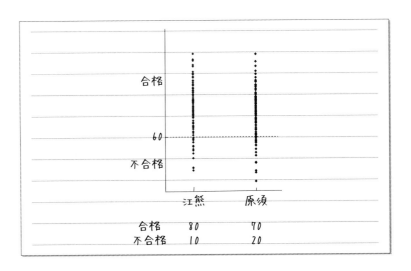

「君たちがやったカイ2乗検定とt検定は，同じ問題に対して同じように適用できているんだ。わかるかな」

　私たちは，先生が描いた図を見つめる。

「一昨年と昨年は，得点の分布が異なっている。合格ラインが決まっているので，そのラインよりも上と下の点の数を数えれば，それぞれの人数がわかることになる」

私は，先生の描いてくれたグラフを眺めた。実際の得点分布は，点で表されている。1つひとつの点が，私たち学生だ。合格と不合格の間には，1本の直線が引かれていて，そこが運命の分かれ道になっている。
　上のグラフと，下の表は，本質的に同じ事柄を表現している。そうか。
「先生，下に書いた人数の比率を問題にするときにはカイ2乗検定を使って，点で描かれた分布の平均値を問題にするときには，t検定をしていた，ということですね」
　私は言った。すると先生はうなずいた。
「そう。まずは，そのことを理解してほしいと思ってね」
　同じ問題を扱うときにも，複数のアプローチの仕方があるということか。でも……。
「先生，どちらのやり方の方が良い，ということはないのですか」
　倉田君が先生に質問した。私と同じ疑問をもったようだ。私もこのことを聞きたかった。
　先生は答える。
「それは扱う問題によるな。今回の場合だと，最初から問題は「不合格者が多いかどうか」だから，カイ2乗検定でもまったく問題はないと思う。だけど，その統計の結果が何を意味するかは，その裏側を知らなければいけないんだ」
　知らなければならないこと……か。
「裏側って，何ですか」
　あおいが聞く。今度はあおいが私が聞きたいことを質問してくれた。
「どうやって不合格が発生しているのか。その違いが何に基づくのか。などなどだね」
　先生はそう言って，コーヒーを飲み干した。
　先生は店員さんを呼び，コーヒーのおかわりを頼んだ。私たちのコーヒーはまだ残っている。
「合格と不合格が，ある線で区切られたものだということは，よくわかり

ました。それは，A$^+$とかAとかの区切りも，同じということでしょうか」
　私は，区切るということが気になって，尋ねた。
「同じだよ。A$^+$とAの成績の違いは，90点以上か80点台かの違いだよね。じゃあ，90点の学生と89点の学生で，この学生はA$^+$という特別に優れた成績に値し，こちらの学生は特別に優れた成績だというほどではない，なんていう意味上の違いが存在するのかと問われれば，「さあそれはどうだろう」と言わざるをえないよね」
　そこに，そのたった1点の差に，実際に努力や能力の違いが現れるのだろうか。結果的に89点でA$^+$評価を逃してしまった学生がいたら，それは不運だとしかいいようがない。私の心理学概論の成績は，Aだった。でも実際の得点は，教えられていない。何点でAになったのだろうか。89点？ 80点？
「89点でA評価になった学生って，運がないですよね」
　あおいが言った。ぎりぎりだからな，と私も思う。
「そう。1点の違いで上の判定になるか下の判定になるかは，もしかしたら，ちょっとした運と，先生の評価のさじ加減で決まってしまうかもしれない。その差で，この学生は特別に優秀だが，こちらはそうとはいえない，と判断してしまうのは，かわいそうだと僕も思う」
　ということは……。
「先生，合格と不合格の境目も，そうなっているのでしょうか」
　私は気になって尋ねた。
「それは難しい問題だ。ぎりぎりで不合格になってしまう学生がいる場合には，ちょっとおまけの点をつけてあげる，という先生もいることだろう。全体的に得点を底上げして，ぎりぎりの学生を合格に引き上げる，という先生もいるかもしれない。もちろん，得点が基準に満たないのだから，不合格は不合格だ，と考える先生もいることだろう。ぎりぎりなのだから，再評価をして，それをパスすることを条件に，単位を認めるという先生もいるだろうね。このあたりは，先生それぞれの考え方による部分だ」

学生たちは，あの先生は評価が甘い，あの先生は厳しい，などといつも話題にしている。大学によっては，学生たちが先生と授業ごとの評価一覧までつくっていると聞いたことがある。
「ということは，合格と不合格という線引きそのものも，曖昧だということですね」
「うーん，そうだね。ある意味そこには，先生の「厳しさ」のようなものが反映されていると考えることができるかもしれない」
　江熊先生は，ぎりぎり不合格の学生を救おうとして，全体的に得点を底上げした。だから，全体の平均値が高くなった。それに対して原須先生は，得点の底上げを実施しなかった。だから，全体の平均値も低く，不合格者も多い。実際のところはわからないけれど，例えばそう考えることができるというわけか。
「そう考えると，やっぱり原須先生が厳しい先生だ，ということになっていきますよね」
　私は先生にそう言った。

比較可能か

　先生の前のテーブルに，コーヒーのおかわりが運ばれてきた。
　新しい香りがテーブルを取り囲む。
「根本的な話をしよう。そもそも，一昨年の授業と昨年の授業を，一概に比較すること自体が問題なんだ。簡単には比べられないんだよ」
　どういうことだろう……私たちはここまで一所懸命，原須先生の心理学概論と江熊先生の心理学概論の成績を比較してきた。でも，先生はここにきて，比べられないと言う。
「先生，比べられないって，どういうことですか」
　倉田君が先生に尋ねた。

「君たちと一緒に，先輩たちも授業を受けていたんじゃなかったかな」

教室の様子を思い浮かべた。先輩たちが何名か，教室の後ろの方に座っていた。

「彼らは，前の年も，同じ授業を受講している」

私はここで気づいた。そうだ。あの先輩たちは，心理学概論の単位を落としたから，昨年も同じ授業を再履修していたんだ。

「ということは，去年の調査対象者と今年の調査対象者は，完全に独立ではない。君たちがやった t 検定は，どういう t 検定だったかな」

「独立した2群間の平均値の差の検定です」

私は言った。あのレストランで高槻先輩と，対応のない t 検定で分析をした。

「さっき説明したように，独立した2群というのは，男女のように，中身が重なっていない2つのグループということだったよね」

「ということは，中身に重なりがある一昨年と昨年の授業で，t 検定を行ったのは……」

私の発言に，先生が続ける。

「あまりいいことだとは思えないな」

「先生，じゃあカイ2乗検定の場合は」

私の発言に，また先生が続ける。

「同じ問題に直面することになる。不合格者の中には，一昨年も昨年も不合格，という学生がいる可能性があるからね」

「やはり，完全に独立な2群ではないということですね」

倉田君が納得した顔でそう言った。

すると，先生はまだまだ，という顔をしてこう言った。

「それだけじゃない。一昨年と昨年では，入試の制度がまったく同じではないんだ。一般試験と推薦試験の定員も変わっている。昨年は，附属高校からの推薦入学者が，一昨年に比べて10人以上増えている」

同じように比較できないということ？ そこで私は先生に尋ねた。

「入試の条件が違っていれば，比較することはできないということでしょうか」

「もちろん，まったくできないというわけではない。扱う問題にもよるだろうね。大学生や青年一般の特徴を問題にすれば，入試の制度が及ぼす影響はそれほど大きなものではないかもしれない。だけど，授業の成績となると，入試制度の大幅な改変があればそれが入学後の成績に影響してくるかもしれない」

何を問題にするかによっても，その他の要因が影響するかどうかは変わってくるということか。言われてみれば，たしかにそうだ。

「他の授業担当者の話を聞くと，一昨年の1年生，つまりいまの3年生に比べると，昨年の1年生，つまり君たち，いまの2年生は私語で注意される学生が多いそうじゃないか。もしも，あまりに授業中の私語が多いのであれば，教える先生も人間だから，厳しく評価してやろうと思ってしまうかもしれない。それが，たとえ原須先生じゃなくてもね」

私は，先生の言葉を聞いて，考え込んでしまった。私は，物事をあまりに単純に考えすぎていたということか……。

「不合格者数が変わったとしても，それは先生の要因だけではないのですね」

私は，小さな声でそう言った。

「もちろん，教員の要因がまったくないわけではないとは思うけどね。物事は多面的で多層的なんだ。何か1つだけの要因で完全に決定されることなんて，現実の世界ではめったに起こらないと思っていた方がいい」

先生は，もちろんこのことを知っていて，あえて私たちにカイ2乗検定やt検定をさせたのだろう。そして，このことを私たちに教えようとして。

「だから，因果関係を明らかにするのはそんなに簡単なことじゃないんだ。こういった問題は，これからも出てくるだろうね」

先生の言葉が，重く響いて聞こえた。

帰 り 道

　江熊先生と別れて帰りの電車の中，3人はずっと黙ったままだった。
　私たちがやったことは，何だったのだろうか。本当は原須先生が厳しいことが，単位を落とした学生の増加の原因ではないかもしれないのに。
　しかも，統計的な検定までして，それが確実だろうと確信していたのに。
　事実ではないことを，躍起になって明らかにしようとしていたのか。
　自分の思い込みの正しさを，躍起になって証明しようとしていたのか。
　調査や実験は，統計は，真実を明らかにしてくれるのではなかったのか。
　まだまだ，自分はこれらを使いこなすことができる最初のハードルすら，乗り越えていない。
「じゃあね」
　私は，駅を出て，あおい，倉田君と別れた。
　そして，大学への道を歩いた。
　いつの間に正門をくぐっていたのだろう。ふと気づくと，図書館の前に来ていた。
　日曜日でも，ここは通常通り開いている。これが，大学らしいといえばそうなのかもしれない。
　この数週間にあったことを考えながら，ふらっと図書館に入っていった。

「高槻先輩」
　閲覧室の机に，高槻先輩が座っているのに気づいた。
「庭瀬さん」
　高槻先輩は，私の顔を見て笑顔で呼びかけてくれた。
「江熊先生と話をしてきたのね」
「どうしてわかるのですか」
「顔に書いてあるわよ」

左手を，自分の頬に当てた。
「書いていないと思います」
「そうね。でも，表情でなんとなくわかった」
　先輩も，江熊先生と同じように，私たちの計算があの授業には当てはまらないということを知っていたのだろうか。
「先輩も，知っていたのですか」
「数日前に気づいたわ。こんなに経ってから気づくなんて，ダメね」
　私は，気づきもしなかった。
「それで，卒論の分析をもう一度やり直してみようと思って。研究法をもう一度勉強するために図書館に来たの」
　先輩の手元にある本を見る。実験計画法の説明が書かれたページのようだ。
「一緒に勉強してもいいですか」
「もちろん」
　日曜日の図書館は，外も中もとても静かだ。
　私たちのまわりには，誰もいない。
　その日は閉館まで，心理学の研究法について高槻先輩に教えてもらった。

7月　かんれん

相関関係

　7月中旬。もうすぐあがるのではないかと言われているものの，まだ梅雨が続いている。今日も朝からはっきりしない天気で，大学に向かう途中で雨が降ってきた。
　この地域は，梅雨になると一気に蒸し暑くなる。エアコンがないと洗濯物も乾かないし，汗だくになってしまうので，一人暮らしには電気代がきつい。
　大学はもうすぐ試験期間に入る。とはいえ，半分くらいの授業はレポートで評価される。それもまた大変なのだが。先生によって締切もまちまち。大学の試験もレポートも，単に知識を覚えればいいというものではないので，ちゃんとやろうとすればやはりそれなりに勉強しないといけない。
　心理学科のコンピュータ室にやってきた。中に入ると，エアコンが効いていてほっとする。レポートを仕上げるためにやってきたけれど，私以外にも同じ考えの学生でごったがえしている。
　とりあえず，教壇近くの席を探して座った。そのとき。
「庭瀬さん」
　後ろから声をかけられた。
「高槻先輩」
　先輩は卒論の分析かな，もう書いているのかな。
「卒論ですか？」
　私は尋ねる。
「そうよ。先生に見てもらう前にもう一度分析して，間違いがないかどう

か確かめているところ」

　自分の研究を先生に見せるって，緊張しそうだな。高槻先輩の話を聞いて，そんなことを思った。

「やっぱり，いまからしっかり勉強しておいた方が良い卒業研究ができますよね」

　少し不安になって先輩に聞いた。すると，先輩は優しい笑顔で答えてくれた。

「それは，勉強しないよりはした方がいいけれど，大丈夫よ。あなたなら何とかなるわ，きっと」

　少し不安は和らいだが，ちゃんと勉強しておこう，そう思った。

ゼミ選び

　学生食堂にやってきた。学期末は，学生が増えてくるような気がする。普段は授業をサボっている学生も，単位が関わってくる試験やレポートのために情報を得ようと，大学に来るからだろう。

「ミライ，あの席が空いているよ」

　あおいが指をさす。倉田君が無言でさっと歩き，席を確保する。

　私とあおいは，混雑する学生食堂で，タイミングよくちょうど空いた席に座ることができた。

「倉田君，ちょっと疲れてそうだねえ」

　倉田君の様子が少し気になったので，あおいに聞く。

「あいつ，徹夜でレポート書いて，さっき大学に来たんだよね」

　頑張っているなあ……と一瞬思ったけれど，レポートを書くのをもう少し計画的にやってもいいのでは……とも思う。それに，今日の午前中は授業が入っていなかったのだろうか。私も今日の午前中はなかったから，倉田君もそうなのかな。

「ねえねえ」
あおいが言う。
「来年からゼミが始まるじゃない」
「そうだね」
そう。3年生から，ゼミの授業が始まる。それぞれの先生に指導してもらいながら勉強・研究し，卒業研究につなげる授業だ。
「2人は，どのゼミを希望するの」
倉田君が私とあおいに尋ねる。
「そういう自分はどうなの？」
あおいが言う。
「別府先生かな。認知行動療法の勉強をしたいんだ」
認知行動療法は人間が物事を認知する方法に働きかける，心理療法の一種だ。
「そういえばそう言っていたね。まだちゃんと決めていないけれど，私も臨床心理学の先生がいいかなあ」
あおいが答える。心理学科には2人の臨床心理学の先生がいるが，どのゼミを選ぶかはまだ決まっていないようだ。
「ミライは？」
あおいが私に聞く。入ってみたいな，と思うゼミはあるけれど，まだちゃんと決めていなかった。
「うーん，まだちゃんと決めていないのよね」
「あれ，江熊ゼミじゃないの」
倉田君が言う。
「もちろん1つの候補だけど，ちゃんとは決めていなくて」
正直に言った。
「12月くらいには，希望を出すらしいから，これから考えていかないとね」
あおいの言葉に，2人でうなずいた。

奨 学 金

「先月，奨学金を申し込もうとしたんだ」
食事中，突然，倉田君が言った。
「それは知らなかった」
あおいが答える。
「ほら，妹も大学に通うようになって，家計も苦しいんじゃないかと思ってさ」
倉田君の妹は私たちの1学年下だ。昨年末，受験生として偏差値のことで兄である倉田君に相談してきたことを思い出す[★5]。彼女は，この春から隣の県の国立大学に通い始めた。
「妹さん，何学部だっけ」
あおいが尋ねる。
「教育学部」
「先生になるの？」
「教員も目指しているらしいけど，心理学も勉強したいんだってさ」
心理学を勉強して，先生になりたいのね。たしかに，教育学部には心理学の先生がいる。大学1年生から，ちゃんとした目標をもっていて，立派だな。2人の話を聞きながら，そう思った。倉田君は続けて言う。
「で，奨学金を申し込もうと思ったんだけど，親の年収で制限があるんだ。ぎりぎりその制限を上まわって，ダメだったんだよね」
「ぎりぎりって，いくら上まわったのさ」
あおいがパスタを飲み込んでから尋ねる。
「3万円」
「3万円？ それくらいおまけしてくれたっていいじゃん」

★5　小塩 (2013) p. 172 を参照。

私もそう思う。

「3万円って，年収だよね。子どものお小づかいなら大きいかもしれないけれど，家族の年収で3万円違っても，生活がそんなに違うとは思えないよねえ」

私はそう言った。

「この奨学金は返還しなくてよくて，毎月5万円だからね」

倉田君が言う。

「もしももらえたら年間60万円かあ。大きいね」

あおいが言った。

もちろん全員がもらえるわけじゃないのだけれど，1年間の収入が3万円オーバーしたからって，60万円のチャンスがなくなるのは，何だか納得がいかないなあ。

そんなことを思いながら食事をしていたが……そうだ。ふと，レポートを書かなきゃ，と嫌なことを思い出してしまった。

研究室

翌日。

私は，ある授業のレポートに必要な本を借りるために，江熊先生の研究室に来ていた。

「この本だね」

江熊先生が本棚から取り出したのは，環境心理学に関する本だった。都市環境について学んだ教養の授業のレポートを書くのだが，せっかくだから心理学的な視点を盛り込んで書いてみようと思ったのだった。ネットで調べて，参考になりそうな本を見つけたのだけれど，図書館にはまだ入っていなかった。

それで，江熊先生の研究室を訪ねたところ，先生はその本をすでに手に入

れていたというわけだ。
「ありがとうございます，先生。レポートを書いたらすぐに返します」
「夏休み後でもかまわないよ。もう読んだから」
　先生は言う。ありがたい。でも，早く読んで夏休み前にもう一度，この研究室に来よう。そうすればまた先生と話ができる。私はそう思った。
　どうしようかな，と思ったけれど，倉田君の件を言ってみよう。
「先生，ある学生から聞いた話なのですが」
　先生は私の方をじっと見た。
「どうしたの」
　私は，倉田君の名前は出さず，ある学生が奨学金を申し込もうとしたのだが，親の年収が基準をオーバーして申請できなかった，という話を先生にした。
「そういうことがあったんだね」
　先生は，少しうつむいて考える素振りをした。
「先生，こういう場合に，何とかならないものなのですか」
　すると先生は，こう言った。
「そうだね。これについては2点ある。1つは，奨学金はこれだけではない，ということだ。他にも申請することができる奨学金はあるだろうね」
　探せばあるだろうな，と思った。でも，この奨学金についてはどうだろうか。
「もう1つは，この奨学金のような問題が抱える問題だな」
　私が知りたい答えは，こっちにあるだろうか。

散布図

　先生が「コーヒー飲むかな」と言った。私は先生が立とうとするのをさえぎって立ち上がり，先生の机の隅にあるコーヒーメーカーをセットした。も

う何度もセットしているので，手慣れたものだ。
　部屋の中に，コーヒーの香りが立ち上る。
「先月だっけ。原須先生の授業と僕の授業で，学生たちの成績が違うかどうか，ということを調べていたよね」
　そう，先月くらいのことだった。
　私は，心理学概論の成績が，2 年間で違うということが気になっていた。
　受講者や不合格者数を調べ，成績の平均と標準偏差を教えてもらい，カイ 2 乗検定や t 検定を実際に計算した。そして，一昨年の成績よりも昨年の成績の方が不合格者が多く，平均も低いことを明らかにした。
　でも実際には，検定の使い方も絶対に正しいものだとはいえなかったし，何がその成績の結果に影響するかを完全に特定することはできなかった。
「そのときに，こんな図を描いたのを覚えているかな」
　先生はメモ用紙を取り出すと，次のような図を描いた。

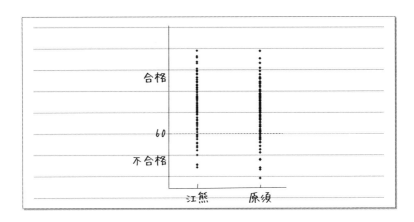

　もちろん覚えている。
　江熊先生と原須先生がつけた、学生の成績の得点と、合格・不合格のラインを表したものだ。
「覚えています」
「この図では、縦軸に得点、横軸に担当者が書かれているね」
　そう。江熊先生と原須先生。
「僕が前の年で、原須先生が次の年。じゃあここで、横軸を時期を増やした図を考えてみよう。例えばこんな図だね」
　先生は新しいメモ用紙に、少し違う図を描く。

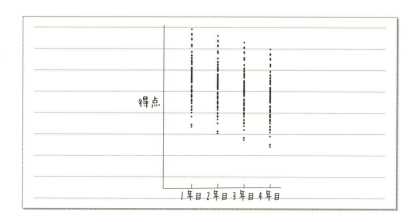

「横軸は授業の年数でも学年でも何でもいいんだが，まあ授業の実施年数だと考えてみようかな。縦軸は成績の得点」

縦軸が成績の得点で，横軸が授業の実施年数……だんだん，成績が下がっているように見える。

「全体的に，実施年数があとになるにつれて，成績の得点が低下している様子がわかる」

その通りだ。1年目と4年目を比べると，差は歴然としている。

「はい，だんだん成績が下がっているように見えます」

「2つのグループの平均値の差を問題にするときには，t検定を使うのだったね。3つ以上のグループのときには何を使うのか，統計の授業で習っているよね，きっと」

私は，日浅先生の授業を頭の中で思い浮かべた。たしか，以前習ったはず。最近，試験勉強をしているなかでも出てきた。そう，あの授業でやったはず。

2群の平均値の差の検定はt検定。3群以上の場合は……**分散分析**だ。やり方は覚えていないけれど，名前は覚えている。

「分散分析です」

「そう。分散分析だ。この場合だと，1年目から4年目の4つのグループ

で，平均値を比較することになる。だから分散分析」

復習になった。先生は続ける。

「分散分析の場合には，説明する要素を**要因**，要因の中にいくつのカテゴリがあるかを**水準**という」

要因と水準。この場合は，年数が要因で，水準は1年目から4年目までの4つ。

「この場合は，1要因4水準というのですね」

「そう。ただ，そうだな。この1年目から4年目が，同じ大学生たちだったりすると，これは被験者内（参加者内）要因の分散分析。違う人たちだと，被験者間（参加者間）要因の分散分析になる」

これはt検定のときと同じだ。対応がある場合とない場合で，t検定のやり方は違うという話だった。

「ではさらに，実施年数を増やしてみよう」

先生はさらに続ける。また新しいメモ用紙を取り出した。

「年数を1年目から10年目にしてみたら，こんな図になったとしよう」

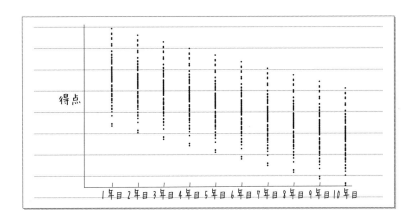

4年間だけじゃなく，10年間ずっと，得点の平均値が下がり続けている。

「年数があとになればなるほど，得点が下がっていく様子がよくわかりま

す」

「こういう図になると，いわゆる**散布図**っていうやつになるね」

そうだ，これも授業で習ったことがある。散布図というのは，こういうふうに，点がたくさん散らばっている図のことだった。縦軸と横軸の組み合わせのところに，1人が1つの点で表される。

先生は続ける。

「この散布図のだいたいの形状を，1つの数値で表すのが**相関係数**だ。**ピアソンの積率相関係数**ともいうけれど，一般的には，単に相関係数とよばれたりもする」

相関係数も，授業で聞いたことがある。

先生は続ける。

「この図に描かれた点は全体的に右下がりになっているから，得点と年数の間の相関係数を算出するとマイナスの値になる。逆に，右上がりの散布図であれば，プラスの値だ」

散布図が右上がりだとプラス，右下がりだとマイナス。だったら，これはどうだろう。

「先生，もし，右にも左にも上がっていなかったら」

先生はすぐに答える。

「その場合は，相関係数はゼロだね。相関がゼロになるのは，散布図が円形になっていたり，全体に一様に分布していたりする場合だ。真横に分布するような場合もだけれど，それは縦軸の分散がなくなっちゃうなあ」

そう言うと先生は，用紙の端の方に小さく，円形の分布になる散布図を描いた。

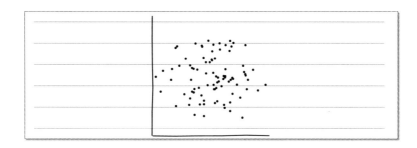

　縦軸の分散がなくなる……そうか，もしも真横に一直線の散布図になったら，縦軸の得点は1点に集まってしまうか。
　散布図はたいてい，バラバラしている。そういう図をいくつか見たことがある。
「先生，斜めに一直線ということもありえますか」
「ああ，ありえるよ。実際の研究でとるデータではまず見ないけどね。右上がりの直線だと，相関係数はプラスの1，右下がりだとマイナス1になる。相関係数がプラス1とマイナス1になるというのは，完全な関連を表す。完全な関連というのは，片方の値が決まれば，もう片方の値も確定するということ」
　先生はそう言いながら，さっき描いた無相関の散布図の横に，小さく右上がりの一直線，右下がりの一直線の散布図を描いた。

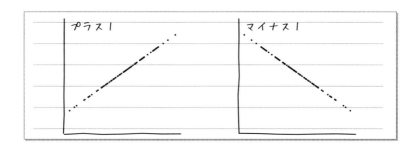

片方がわかればもう片方は必ずわかる状態が、完全な関連か。ということは、たいていの関連は、完全じゃないってことなんだろうな。

先生は私の考えを見越したように言う。

「たいていのデータには誤差も含まれているし、直線にはなかなかならないね。ところでコーヒー、もうできているみたいだけど」

忘れていた。

私は慌ててすぐに立ち上がり、マグカップにコーヒーを注いだ。

尺度水準と散布図

先生と私は、同時に口をマグカップにつける。

「さあ、ここから、尺度水準を下げていこうか」

尺度水準……何度も、これが話題になる。

「ある得点を、合格ラインとしてみよう」

そう言うと、先生は散布図の中央付近に、水平な線を描いた。

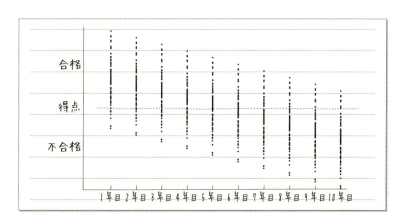

「この線よりも上の学生は、合格。この線よりも下の学生は、不合格にな

る」

　合格ラインを描くと,不合格になる不運な学生は,年々増えるばかり,という図ができあがった。

　「最初の2, 3年は,多くの学生が合格している。ところが,最後の年は,ほとんどが不合格だ。何がこの成績低下の原因かはわからないけれど,年数を経るに従って合格者が減り,不合格者が増えているのは間違いない」

　どんどん学生の出来が悪くなっていくのか,やる気を失っていくのか,先生の評価が厳しくなっていくのか,どうしてかはわからないけれど,というところか。

　「次に,縦の線を描いてみよう」

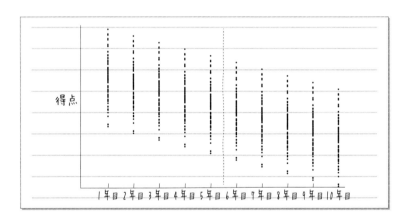

　次に先生はそう言うと,別の紙にもう一度,同じ散布図を描き,年数の中央付近に垂直な線を描いた。

　垂直な線を引くと,年数が前半と後半に分かれることになる。授業の最初の方と,あとの方。先生が若い頃と,ベテランになって以降,とかっていうことかな。

　「これが,年数の前半と後半で,平均値を比較する散布図だ」

　私は,先生が説明したことを頭の中で繰り返した。

「平均値の比較……」

「つまり，これで授業年数の前半と後半ができたわけだ。点は，すべて個人の得点を表す。その平均値を，前半と後半で算出することができるよね」

先生はそう言うと，散布図の下に，平均値の表を書いた。

	前半	後半
平均値	80	60

「こうなると相関係数よりも，別の分析方法をやりたくなってくるよね。前半と後半の平均値を比較するということは，2つのグループ間の平均値を比較することになる」

「あ，t 検定ですね」

私は言った。相関係数で2つの変数の関連を分析していたのに，片方の変数を2分割すると t 検定で分析することになる。これって，相関係数を算出しているのと同じような意味になるということなのだろうか。

「横軸を，3つに分けたらどうなる？」

縦方向に3本の区切りを入れるということだろうか。

「1年目から3年目を前盤，4年目から7年目を中盤，8年目以降を終盤，なんていうふうにね」

そして先生は，この場合の平均値の表を書いた。

	前盤	中盤	終盤
平均値	90	70	50

「平均値が3つになるね。この平均値の差を検定するには，何を使うんだったかな」

さっきも同じような問題だった。そう，分散分析。

「分散分析ですね」

「そう。さっきと同じで 3 群以上あるからね。1 要因 3 水準の分散分析」
またもとに戻ったんだ。

先生はさらに続ける。
「さらに。次は，縦軸も分割してしまおう」
先生は，図に水平線も付け加えた。
散布図の中央辺りに，十字の区切り線が描かれる。

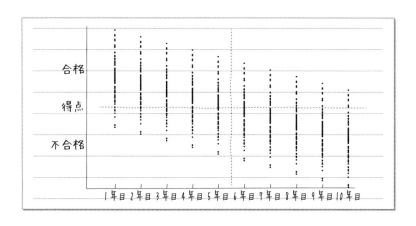

「点の数は，どこが多くて，どこが少ないかな」
私は，先生が描いた図を見ながら答えた。点の数が多いのは，左上と右下。
「左上と右下が多くて，右上と左下が少ないです」
「その通り。点の数はいくつなのかはわからないけれど，数えてみると，きっとこんなふうになる。たくさんの人に調査をして，1000 人のデータがあるとしよう」
先生はこう言って，散布図の下にクロス表を書いた。

	前半	後半	合計
合格	400	100	500
不合格	100	400	500
合計	500	500	1000

「前半は合格者が多く,後半は不合格者が多い,という表になっています」
「この表の人数の偏りを検定するには？」
比率の差を検定することになるのだから……。
「カイ2乗検定ですね」
先生はうなずく。
「そうなんだ。同じ散布図から,基準を設けて区切っていくだけなのだけれど,そうすると,相関係数以外の分析方法になる。でも,これらは本質的には同じで,関連を表現している」
散布図は相関係数。それを区切ることによって2グループの平均値を出すとt検定。さらに区切って人数を数えると,カイ2乗検定。すべてつながってくるということか。

区切るか否か

もう一度,私と先生は同時にコーヒーを飲んだ。
先生は言う。
「データを区切る,ということがどういうことか,わかってきたかな」
ん？ 先生は何が言いたいのだろうか。
「この散布図で,合格と不合格の一線を引くというのは,59点を不合格,60点を合格とすることを意味するね」
ああ,そういうことか。先生は,奨学金の話に戻ったんだ。

「さっきの，奨学金の話と同じですね」

先生はかすかにほほえんで，うなずく。

「そう。年収も，分布は連続しているからね。どこかで区切るというのは，どこかで無理を生じさせることが多い」

「無理，ですか」

それは，1点差で合格か不合格かを分けることに相当するのだろうな，と思った。

「そう。得点から合格，不合格を決めることも，奨学金の申請ができるかどうかでも，連続的な得点のどこかで線を引くというのは，ほとんど違いのない二者の間に決定的な違いを与えることだ，と言うことができるだろうね」

違いがないのに，そこに違いが生じる。それで，不公平も生じる。

「先生，それで，得をしたり損をしたりすることもありますよね」

「その通りだよ。世の中には，そういうことが非常に多い。援助を与えるかどうか，税金を徴収するかどうか，とかね。大学の合格，不合格だってそうじゃないか」

先生の言う通り，世の中はそういうものかもしれない。でも，できるだけ公平にしてほしいな，と私は思った。

「相関係数を出すことも，t 検定も，分散分析も，カイ2乗検定も，実は同じ目的の分析に使える。いま見てきたようにね。何が違うかというと……」

私は答えようとしたが言葉がなかなか出てこない。

「えっと……」

「グループに分けられた，カテゴリの変数を使うかどうか」

そうか……。

先生はほほえんで，マグカップを口に持っていく。

「最初からグループにしかなりえないものなら，まあ，いいんだよ。所属とか，学年とかね」

それは，最初からカテゴリだ。
「問題は，区切ることなのですね」
「区切ることなんだよな。残念ながら，どうも，人間というものは区切りたがるようなんだ」
区切らなくてもいいところで区切ってしまう，ということは，世の中を見ても思いあたることがたくさんありそうだ。
「奨学金については，僕は前から選考委員会にこのルールは問題だと言ってきたことなんだ。でも，家庭の年収が何千万円もあるのに奨学金を申し込める，というのも納得できないだろう」
それはそうだ。奨学金をもらうのはずるいように思える。
「だから，どこかで線を引いたとしても，線を引く場所をよりましな場所にするのが1つの方法だ。あるいは，ルールを変える。成績はあまり問わずに困窮度順に並べて決める奨学金と，年収はあまり問わずに成績だけで決める奨学金にしたりね」
奨学金を与えるかどうかの基準を変えるのか。先生は続ける。
「あるいは，線を引く以外の方法を考えるかね。例えば，年収に応じて細かい段階を設定して支給するとかね」
配分の方法そのものを変えるという考え方か。
「まあ，年収だけで必要額が決まるわけじゃない」
「そうですね」
「それに，あまりに細かい設定をすると，奨学生を決めたり配分をする際の労力がどんどん大きくなっていって，人件費がかさんでしまうかもしれない。そこに人件費をたくさん使うよりは，奨学金にまわした方がいいんじゃないか，なんてね」
これも，そんなに単純な話ではないか……。
「難しいですね」
思わずそう言ってしまった。
「世の中には，そんなに簡単な話はそうそうないね」

先生はそう言って，コーヒーを飲み干した。

夏　へ

　試験期間が終わった。
　倉田君の奨学金の問題そのものは，解決したわけではないのだが，いまは別の奨学金を申請しているところだという。うまくいくといいな。
　世の中の問題は簡単ではない。でも，私たちは区切って簡単にしようとする。
「やっと夏休みだね」
　あおいが話しかけてきた。
「そうだね。あおいは夏休み，どこかに行く予定あるの？」
「家族で旅行」
「いいね。楽しそう」
「ミライは？」
「お盆には実家に帰ろうと思っているけれど，ほかには決まっていないな」
　そう。大学に入学してから，時間の経つのが早く感じる。今年も，あっという間に夏休みになってしまった感じ。夏休みの計画を立てるのを，すっかり忘れていた。
「ねえミライ，うちの家族旅行に一緒に来ない？」
　あおいが言う。
「え？　何だか悪いよ」
　夏休みもあおいといられたら楽しいだろうな，そう思ったけれど，せっかくの家族旅行の邪魔をしたら悪いな，とも思う。
「いいよ，大歓迎。ほら，県の南の方に半島があるでしょう。そこからフェリーで15分くらい離れた小さな島に行くんだ。そこでおじさんが民宿をやっているの。家族でそこに行くからさ，一緒に行こうよ」

島への旅行か。ちょっとわくわくしそう。
「いっぱい海で泳げるよ」
　あおいの明るい顔を見ていると，何だかとても楽しそうに思える。
　海水浴もしてみたいし，魚も美味しそう……よし，行ってみようかな。ここは簡単に考えることにしよう。

8月 つながり

因果関係

「ミライー！こっちこっち！」
市内の駅の改札前。
あおいがこちらに向かって，大きく腕を広げて私の名前を呼んでいる。ちょっと恥ずかしい。
「ちょっと，恥ずかしいからやめてよ。みんなこっちを見ているよ」
「いいじゃん」
あおいは屈託のない笑顔でそう言った。
今日から，あおいに誘われて島の旅館に行く。といっても，駅から電車を乗り継いで半島まで行き，そこからフェリーですぐ。
あおいによると，あおいの家族は先に向かったという。ということでこれから，あおいと2人で気軽な小旅行だ。
コーヒーショップで甘さの効いた冷たいアイスラテを買い，電車に乗り込む。ここから電車を乗り継いで1時間程度でフェリー乗り場に着いてしまう。目的地までは約1時間半という距離だ。東京だったら毎日これくらいの時間をかけて通勤している人もたくさんいることだろう。
「楽しみだね！」
あおいはこういうとき，本当に楽しそうに話しかけてくる。
私も満面の笑みでそれに応える。

電車の中

「ねえねえ，あそこに座っている男の人を見てよ」
　あおいが不審そうな顔で話しかけてきた。
「え？　何？」
　私は何のことかわからなかった。
「キョロキョロして，何だかあやしくないかな」
　あおいが言う方を見る。私たちが座っている斜め向かいの扉の近くの席に座っている，少し太った男性のことだ。
　ボサボサの髪の毛にふちなしメガネ。大きなアルファベットが書かれた緑色のTシャツに，色あせたジーンズ。足元はビーチサンダル。背中には山に登れそうな大きなリュックサック。リュックサックのチャックが少し開いて，ポスターを丸めたようなものが突き出している。
「何度も，こっちを見てくるんだよね」
　あおいが本当に嫌そうな顔をしながら，耳元で言う。
　その男性は，まわりを見まわすふりをしながら，なぜかチラチラとこちらに視線を送ってきているように見える。あおいによると，ずっとそうなのだという。
「見ちゃダメだよ，あおい」
「そうだね。無視しておくのが一番だね」
　とはいうものの，どうしても気になってしまう。どうして，見てはいけない，いけないと思えば思うほど，見たくなってしまうのだろう。
「まさか，私とミライが降りる駅までついてこないよね……途中で降りていくよね，きっと」
　いつものあおいらしくなく，不安げに言う。
　私たちが降りるのは，この路線の終着駅だ。途中にはまだ多くの駅があるし，ベッドタウンに近い駅も，ショッピングモールに近い駅も通る。きっと

あの人は,途中で降りていくはずだろう。
「まさか。最後までついてくるはずないよ」
私も,祈るようにつぶやいた。

車内には人が少なくなり,窓から見える風景は海が近いことを教えてくれる。とうとう,次が終点。私たちが降りる駅だ。結局さっきの男性は,私たちを時折チラチラと横目で見ながら,終点まで降りなかった。
私とあおいは,もう言葉があまり出てこなくなっていた。
変な人だったらどうしようとか,電車からホームに降りたらどっちへ走ろうかとか,駅のどこに警察署があるんだろうとか,車掌さんに助けを求めるべきだろうかとか,いろいろなことが頭の中をぐるぐるとめぐっていて,混乱していた。
「ミライ,ホームに降りたら左に走るんだよ。そっちが改札だから」
電車が到着するホームを確認したあおいが,私の耳元でささやく。
「うん」

私はぎこちなくうなずく。
　あいかわらず，あの不審な男性は外を眺めるふりをしながら，私たちの方にも視線を送ってくる。
「ご乗車ありがとうございました。開く扉にご注意ください」
　車掌さんの声が聞こえた。
　電車の扉が開く直前，私とあおいは荷物を持って素早く立ち上がる。
　扉が開く。うるさいセミの鳴き声が響く。もわっとした夏の空気が車内になだれ込む。
　私たちは扉を出てダッシュする。扉を出て左に向かう。あおいの言った通り，改札が見えた。
　改札を通り抜け，コンビニの前にたどり着く。こんなに勢いよく走ったのは高校以来かな。大学に入ってからは，こんなに全力で走ったことがない。
「ああ，疲れた。ねえ，ミライ」
　肩で息をしながらあおいが言う。
「ここまで……来たら……大丈夫……だよね」
　私も息が上がってしまって，うまくしゃべれない。
　そのとき。
　コンビニの入り口から，江熊先生が出てきた。
「ええ？　江熊先生」
　2人の声が揃った。
　先生は驚いて振り向いた。なぜ，こんなところにいるのだろうか。まさか，このあたりに住んでいる……何てことはないか。大学から遠すぎる。
　江熊先生は私たちを見てほほえみ，その視線は私たちを通り過ぎて後ろの方へ。私とあおいは江熊先生の視線の方向へ振り向く。
　そこには，さっき電車の中で私たちをチラチラと見てきた，あの男の人が……。やっと振り切ったと思ったのに，まだ私たちのことを追いかけてきたのだろうか。
　するとそのとき，先生が言った。

「おーい,奥山くん,こっちこっち」
　先生は,電車の中で私たちを見ていた男性の名前らしきものを呼び,何とこっちへ来るように促したのだった。

予期せぬ合流

「奥山くんが,誤解されるような行動をするからいけないのよ」
　江熊先生の後ろから,高槻先輩が言った。いつの間に先輩は現れたんだろう……そもそも,どうして高槻先輩までここに？
「そんなに挙動不審だったかなあ」
　その男性は,タオルで汗をふきながら,高槻先輩に向かって言った。
「ほら,かわいい後輩が2人とも怖がっているじゃない。奥山くんは見るからにあやしいからね」
　高槻先輩が,私たちを指さし,からかうように言った。
　え,奥山くん？先輩？心理学科の先輩なの？
　そのとき,江熊先生が私たちに尋ねてきた。
「ところで,庭瀬さんと西永さんはどうしてここにいるのかな」
「私のおじさんが,ここからフェリーで渡った島で民宿をやっているんです」
　あおいが答える。
　私たちは先生に,ここからフェリーで島にわたり,あおいのおじさんがやっている民宿で過ごすということを説明した。
　先生は私たちの話を聞き,驚いた顔になった。
　実は江熊先生のゼミも,私たちと同じ島の宿で合宿をするために,この駅に集合していたのだという。
　宿の名前を聞いた先生が言う。
「そうか。ということは,僕らがこれから行く宿は西永さんのおじさんが

8月　つながり

やっている宿なんだね」
　何と，同じ宿だったとは。
「こりゃ，無茶はできないな。みんな，いつもみたいに騒ぐんじゃないよ」
　江熊先生は，ゼミ生たちを見まわして，苦笑いしながら言った。
　結局，私たちを電車の中でずっとチラチラと見ていたその男性は，奥山タケルという名前で，私とあおいの先輩だということがわかった。ゼミ合宿に行こうと乗り込んだ電車の中で，私たちのことを見かけ，授業で見かけたことがある顔だったので心理学科の後輩だろうと思ったのだという。
　私たちはずっと降りないでいるし，どこまでいくのだろうと気になったのだが，声をかけようかどうしようか迷っている間に，終点まで着いてしまったのだという。
　先輩の様子は挙動不審で紛らわしかった。でも，江熊先生やゼミ生の先輩たちと一緒だなんて，旅行が楽しみになってきた。
　時計を見ると，もうすぐ船に乗る時間だ。

「ねえ，庭瀬さんと西永さん，夕食のあとで研究報告会をするんだけど，参加してみない？」
　高槻先輩が，宿のロビーで話しかけてきた。研究の報告だなんて，聞いてもわかるのだろうか。でも，どういうものなのか，一度聞いてみたい。
「私たちなんかが出て，ご迷惑になりませんか？」
　出てみたいけれど……邪魔になったりしないだろうか。
「迷惑になんかならないわ。大丈夫。私から先生にも言っておくからね。来年からどこかのゼミに入るんだから，少し慣れておいた方がいいでしょ」
　高槻先輩は，そう言い残して，笑顔で階段を上がっていった。
　そこに，あおいがやってきた。
「ねえ，あおい，いま高槻先輩に言われたんだけど」
　私は，あおいも一緒に出てみないかというつもりで話しかけたのだが，あおいはさらっと「あ，私はパス」と断った。「私は家族で過ごすから，ミラ

イは行ってきなよ。大好きな江熊先生もいるんだから」だって。そういうつもりじゃないのになあ。

あおいの性格からして，嫌だと言うものはもうどうしようもない。あおいを説得するのはあきらめて，私だけ先輩たちの中に参加してみよう。

ああ，いまから緊張してきた。

江熊ゼミの研究報告会

「お邪魔します……」

食事のあと，おそるおそる江熊ゼミのメンバーが集まっている部屋のふすまを開ける。ずらっと並んだ20人ほどの視線が，一気に私の方へ向けられる。ああ，ちょっと，こういう場面は苦手だな。どうしようかな，と思っていると。

「あ，来たね。いらっしゃーい。どうぞどうぞ！」

高槻先輩が声をかけてくれて，ちょっと安心する。促されて，高槻先輩の横の座布団に座る。

「何か飲む？ そうか，2年生だからまだ未成年か。じゃあジュースだね」

高槻先輩の反対側に座っている知らない先輩に話しかけられ，思わず「はい」と返事をしてしまった。本当は20歳なのだけれど……。まあいいか。

まわりを見まわすと，先輩たちはみな風呂上りのラフな格好。テーブルの上にはお酒にジュースにお菓子の山。ほとんど飲み会のような雰囲気だ。先生は，一番奥の席に座って，横にいる4年生の先輩らしき男の人と真剣な顔で何か話をしている。

「よーし，じゃあ，発表会を始めるぞ。みんなレジュメは配ったかな」

先生と話をしていた先輩が，全員に呼びかけた。

そのとき，高槻先輩が「はい，どうぞ」と私に紙の束を渡してくれた。先輩たちの，これから始まる発表の資料のようだ。3年生と4年生の資料がバ

ラバラに混ざっている。でも，この順番に発表していくようだ。

最初は4年生の発表。"仮想的な小グループ活動における内集団ひいきの研究"というタイトルがつけられている。発表が始まった。内集団ひいきって何？ どうやって実験しているの？ 結果に書いてあるグラフの意味は何？ ここで使っている統計の言葉はどんな意味？ ……ダメだ。ほとんど理解できない。あっという間に，発表が終わってしまった。

「はい，じゃあ，質問のある人」

司会の先輩が言った。

すると，電車の中で私たちと一緒だった奥山先輩が手を挙げる。

「実験群と対照群に分けるときに，ちゃんとランダム割り当てしたのかな，と思って。実験前の回答結果に差が生じてしまっているよね」

……わあ，この先輩，予想外にちゃんとしている。そう思っていると，高槻先輩が小さな声で言った。

「奥山くん，大学院への進学を希望しているのよ」

へえ，人は見た目ではわからないものだ。

その後も何度か質疑応答が続いたが，私にはほとんど何を言っているのか理解できなかった。先生は，最後に「順調だね。でも，ここを修正してもう1回実験しておくともっといい」と言った。

もう，夜10時半を過ぎている。

ここまで，2時間近く発表を聞いてきたことになる。少し疲れてきたが，緊張して眠くはない。

最後の発表者は，高槻先輩だ。"大学への適応が主観的幸福感に及ぼす影響"とレジュメに書かれている。この調査には，私も以前，回答者として参加しているはずだ。発表の内容は……やっぱり，よくわからない。でも，大学生活をうまくやっていけている学生ほど幸福感を感じている，という内容であることだけは何となく理解できた。

高槻先輩の発表の質疑応答が始まった。また奥山先輩が，手を挙げる。

「この共分散構造分析の結果だけど，ちょっと適合度が低いんじゃないかな」

高槻先輩が答える。

「いくつか仮説に基づいてモデルを設定したんだけれど，レジュメに載せたモデルが一番適合度が高かったのよね」

ああ，本当に何を言っているのかさっぱりわからない。授業を聞いていけば，わかるようになるのだろうか。不安が募るばかりだ。

何度か質疑応答が続いたあと，江熊先生が話し始めた。

「高槻さんの研究で一番気になるのは，**因果関係の方向**だね」

因果関係の方向？ **原因**と**結果**ということだろうか。

「今日はゲストに2年生の庭瀬さんが来ているから，基本的なところから説明しよう。庭瀬さん」

「は，はい」

突然呼ばれたので，焦った。

「もしもわからないことがあったら，遠慮なく質問してくれていいんだよ」

「あ，はい」

そう言われても……なかなか質問なんてしづらい。

「高槻さん，何かと何かとの間に因果関係が存在するための条件って，何だろう」

先生は，高槻先輩に質問した。

「まずは時間だと思います。前に起きたことが，あとに起きることに影響する」

高槻先輩は，すぐにそう答えた。

「そう。それは，1つの重要な条件だ」

なるほど。前に起きたことが次のことに影響する，というのは言われてみればたしかにそうだと思う。

因果関係の条件

　先生は続ける。
「だけど，それだけでは因果関係と言うには足りないな。例えば，いま現在の外の天気は……」
「晴れですね。月も星もきれいに見えます」
　窓際に座っている先輩が答える。それを受けて，先生は続ける。
「僕がいまから雨が降るように念じることにしよう。もしも1時間後に雨が降り始めたら，それは僕の念が空に届いたということになるだろうか。ちゃんと，念じることが先で，雨があとになっているので時間的な前後関係は成立している。どう思うかな，庭瀬さん」
　また私に話が振られた。まさか，先生が超能力者や霊能力者なんてことはないし，そういう能力自体が人間に備わっているとも信じられない。
「念じたことが空に通じるというのは，ないように思います」
　私は，そう答えた。自分の知識の中では，どう考えても，念じたことが天に通じるというのはありえないから。
「理性的な判断だね。でも，そういうことを信じていたことはあるんじゃないかな」
　先生に言われてみると，たしかにそうだと思った。
　遠足の前日，晴れてほしくて窓際で祈っていた小学生の頃の自分の姿が思い浮かんだ。翌日はみごとな快晴で，自分の思いが天に通じたのだと嬉しくなった記憶……。
「はい，あります」
　私はそう答えた。
「人間は，時間的な前後関係があると，簡単に因果関係だと思ってしまう。だけど，実際にはそこに関連すらない場合がある。ところが，人間は古来からそう信じることで，多くの儀式やジンクスや言い伝えをつくってきた」

人間というのは，そういう特徴をもつということか。

　新しいお菓子の袋が開けられる音がした。
　先生は言う。
　「時間的な前後関係は，因果関係の条件の1つになりえる。ただし，それだけでは因果関係であると結論づけることはできないね。そもそも，何かと何かの関連が観察されたとき，それは因果関係の必要条件ではあるが，十分条件ではない」
　先生は，紙コップに入った液体を飲み干した。泡の消えたビール？ ジュース？ よく見えないのでわからない。
　「実は，因果関係を確定するのは予想以上に難しい。「これは因果関係だろう」と思っていたことでも，あとから実は違っていた，ということがありえる」
　「より確実かどうか，という程度があるだけということでしょうか」
　最初に発表した先輩が，先生に向かって尋ねた。
　「そうだね。僕たちが研究するような問題に関していえば，もしかしたらそこには程度問題しかないかもしれない。どうしたらより確実に因果関係だといえるか，それを確かめる方法を考えるのも，研究では重要なことだ」
　うーん，何となくはわかるのだけれど，ちょっと私には難しい話になってきたような気がする。
　「心理学で扱うような問題の場合，心のプロセスの中で因果関係を設定しようとする。例えば，性格が価値観に影響し，価値観が態度に影響する，といったように。でも，そこに「因果関係がある」というのは，理論的に決められているだけ，という場合も多いんだ。庭瀬さんも，きっと研究をするようになればわかると思うよ」
　私，そんなに不安そうな顔をしていただろうか……。

因果関係の検討方法

「さて，大学にうまく適応できることとできないことが，幸福感に影響を及ぼすという因果関係を考えてみよう。どうしたら，その因果関係がわかるだろうか」

先生は，話を高槻先輩の研究に戻した。そうだ，その話をしていたのだった。すっかり忘れていた。

「先生，さっきの話からすると，大学に適応している人と，していない人の違いを調べればいいのではないのでしょうか」

私は言った。

「まず，時間はどちらが先かという問題があったね。適応が先か，幸福感が先か」

「大学に適応するかどうかが先ではないのですか」

私は，単純にそう思った。

「そうとも限らない。もともと幸福感の高い学生は，幸福感の低い学生よりも，大学生活をうまくやっていけるのかもしれない」

私は「あっ」と小さな声を出した。

たしかにそうかもしれない。

例えば，私とあおいを比べてみればいい。入学式で出会ったときから，あおいは明るくて幸せそうだ。それに比べれば，私はそんなに幸せな気分が長続きする方ではない。大学に入学してからいままでの生活を比べてみれば，勉強以外のさまざまな活動を楽しみ，友人も多いあおいの方が，私よりも充実していそうだ。

「適応しているから幸せなのではなく，幸せだから適応することもあるということですね」

私の言葉を聞き，先生はうなずく。

「そう。どちらが原因かは，そう簡単にはわからないんじゃないかな」

すると，しばらく黙って考え込んでいた高槻先輩が言った。
「先生，そういう場合には，どうしたらいいのでしょうか」
先生は高槻先輩の方を見る。
「無茶で極端なことを言うと……」
少しだけ，いたずらをした子どものようにほほえみ，先生は続ける。
「まず入学式で，幸福感の尺度に回答させる。そのあとで，新入生にくじを引かせるんだな。そして，当たりが出たら充実した大学生活を送ることができるコースに，ハズレが出たらまったく充実しない学生生活のコースに自動的に割り振られる。充実コースの学生は，勉強だけじゃなくサークルや部活動，バイトや友人関係，恋愛関係にも積極的に取り組んでもらう。充実しないコースの学生は……そうだな，ただ授業に出て帰宅するだけの大学生活が待っている」
「ひどい大学ですね」
高槻先輩は言い，先生はその言葉を受けて続ける。
「うん。無理なのはわかって言っているんだ。その状態で1年ほど生活してもらって，もう一度，幸福感の尺度に答えてもらう。そして，入学式のときの得点と，1年後の得点を比較する」
「**実験**みたいですね」
私はそう言った。実験実習の授業で習ったことや，今日の発表で何度も耳にした内容に近い。
「これは，ある種の「実験」だよ。実験というのは，こんなふうに状態を操作するような条件を設定して，得られた結果を比較することが基本だ。しかしまあ，この実験は倫理的にも現実的にも不可能だ」
そうだろうな。私がもしこんなふうにくじ引きでコースを分けられたら，たまったものではない。
「もしも，とても自由な校風と制限の多い校風の学校があって，その学校に通う生徒を入学前から追跡調査すれば，似た状況にはなるかもしれない。こういうのは「**準実験**」と呼ばれることがある。実験参加者を完全にランダ

ムに実験条件に割りつけることが難しかったり，完全な実験条件をつくるのが難しかったりする場合に使われる方法だね。」

そうか。自然に実験と同じような状況にある場面を比較することもできるんだ。先生は続ける。

「でもこの例では，もともと規則に縛られたくないからそういう学校に進学したり，何事もきっちり決められたことをこなすことが好きだから制限の多い学校に進学するという要因があるかもしれないけれどね」

うーん……やはり，そう簡単な話ではないか……。

「いずれにしても，因果関係を明らかにするために有力な方法の1つは，実験なんだ」

先生は続けた。

「どうやったらいいのかはさっぱりわからないが，もしも何かを操作して，学生の幸福感を上下させることができるなら話は簡単だね。学生の幸福感を実験者が人為的に高めたり低めたりして，そのあと大学にうまく適応できるのかどうかを観察する。逆に，実験者が大学への適応を直接操作できれば，そのあと本当に幸福感が上がったり下がったりするのかを観察すればいい。両方できるならそれがベストだな。もしも，幸福感を高めても適応は向上しないのに，適応を高めると幸福感も上がるようであれば，「適応から幸福感へ」という因果関係が正しい可能性は高まる。絶対ではないが」

「でも，それはできないということですね」

私の言葉に，先生は「まあ，無理だよね」と答えた。

パネル調査

「高槻先輩の研究の場合には，実験ができないのですよね。そういう場合にはどうすればいいのでしょうか」

私の問いに，先生が答える。まわりの先輩たちは，私と先生の顔を交互に

見ている。

「1つの方法は，**パネル調査**をすることだな」

「やっぱりそうですよね……」

先生の言葉に，高槻先輩が反応した。私はパネル調査という言葉を，はじめて聞いた。

「パネル調査というのは，同じ調査対象者に同じ調査を繰り返す方法のことね」

高槻先輩が私に説明してくれた。

「高槻さんが調査した対象者の中には，大学に適応している学生としていない学生，幸福感が高い学生と低い学生がいる。これを組み合わせると，4つのグループができる」

組み合わせる……「大学に適応していて幸福感が高い」学生，「大学に適応しているが幸福感が低い」学生，「大学に適応していないが幸福感が高い」学生，「大学に適応していなくて幸福感も低い」学生，の4種類か。私は高槻先輩のレジュメの裏に4つのグループの特徴をメモした。

「もちろん，大学適応と幸福感には正の相関関係があるから，適応しているが幸福感が低い学生と，適応していないが幸福感が高い学生の人数は，両方高かったり両方低かったりする学生よりも少ない。でも，相関は完全じゃないから，存在はするね」

「はい。たしかにいます」

高槻先輩が答えた。

「もう一度，同じ集団に調査をするんだ。そして，集団がどう変化するのかを検討する。そして1回目の調査で，大学に適応していて幸福な学生は，2回目の調査でも適応していて幸福なままか，あるいはより幸福感が増す。1回目には大学に不適応で不幸な学生も同じように，2回目には，不適応の程度はそのままで不幸の程度もそのままか，より不幸になることが観察される。まあ，これはどのようにグループ分けされているのかにもよるのだが」

これらのグループは，基本的に同じような状況のまま，もしくは幸福度だ

け適応に合わせて変動する。先生は続ける。

「それらに対して，1回目の調査では，適応しているにもかかわらず幸福感は低かった学生が，2回目の調査でも適応の程度はあまり変わらず，より幸福感が高まってくる。それに対して，1回目の調査では適応できていなくて幸福感が高い学生に注目すると，2回目の調査でもやはり適応できていないままで，より不幸になっていく。こういう結果が得られるのであれば，大学への適応から幸福感へという因果関係がありえそうで，幸福感から大学への適応へ，という因果関係はなさそうに思えるんじゃないかな」

先生の話を聞きながら，私は，紙に次のような表を書いてみた。

```
〈1回目調査の結果〉→      〈2回目調査の結果〉
[大学適応] [幸福感]      [大学適応]          [幸福感]
 適応   &  幸福   →  適応（そのまま） &  幸福（そのまま）
 適応   &  不幸   →  適応（そのまま） &  より幸福に
 不適応 &  幸福   →  不適応（そのまま）&  より不幸に
 不適応 &  不幸   →  不適応（そのまま）&  不幸（そのまま）
⇒ 適応から幸福感への因果関係がありうる
```

1回目の調査でも2回目の調査でも大学への適応はそのままだとしてみよう。そのときに，1回目に適応と不幸の組み合わせ，不適応と幸福の組み合わせをもつ人は，2回目には幸福だけが変動する。組み合わせがズレたところが，あたかも帳尻を合わせるかのように，変わっていく。単純に考えれば，こういうことか。

「お，庭瀬さん，よくわかっているね」

奥山先輩がそう言って，私が表を書いた紙を取り上げた。

「あっ」

と声を挙げたのだが，ときすでに遅し。そのまま奥山先輩は私から取り上げ

た紙を持って，先生のところまで歩いて行った。

「いまの話を聞いただけで，よくまとめたんじゃないかな」

先生はそのまま私が書いた表の下に，ペンでつけ加える。

「もしも，こうなったら，因果関係は逆だ。幸福感が大学への適応に影響する可能性が大きいことになる」

```
〈1回目調査の結果〉 →        〈2回目調査の結果〉
[大学適応] [幸福感]    [大学適応]         [幸福感]
 適応  &  幸福  → 適応（そのまま）    &  幸福（そのまま）
 適応  &  不幸  → より不適応に       &  不幸（そのまま）
 不適応 & 幸福  → より適応的に       &  幸福（そのまま）
 不適応 & 不幸  → 不適応（そのまま）  &  不幸（そのまま）
⇒ 幸福感から適応への因果関係がありうる
```

先生のメモも加わった紙が，先輩たちの手を経由して手元に戻ってきた。1回目と2回目の調査で，大学への適応だけが変動する場合には，因果関係が逆になるのか。なるほど。

別の見方

実際に分析するのは難しそうだ……と思っていると，先生は別の紙を取り出してメモをとる。

「少し別の見方をしてみようか。1回目と2回目の調査で幸福感を測定する。幸福感のレベルが同じ人もいれば，変わる人もいる。そうだったね」

私は先生の手元を覗き込みながら，うなずく。

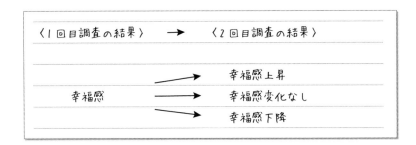

「この変化した量に対して，大学への適応が影響するかどうかを検討する，という考え方もできるね」

「もとの幸福感から上昇したり下降したりする変化に注目するということですね」

「そう。幸福感が上昇する分には大学に適応した影響が，幸福感が下降する分には大学への不適応の影響があるだろうというイメージだね」

先生はそう言うと，メモに文字を書き加えた。

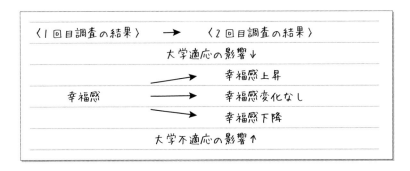

「基本的にはさっきと同じことなんだけど，視点を変えるとこうなるということだね」

なるほど……。

「先生，実際にはどういう分析をするのですか」

ちょっと気になったので聞いてみた。

「**共分散構造分析**や**パス解析**っていう統計手法を使うといいだろうね」
　難しそう……。そんな気持ちが私の顔に出ていたのだろうか。先生は続ける。
　「もう少し掘り下げてみようか。そもそも幸福感に大学への適応が影響する，というときの「影響」って，何だろう」
　「影響，なのですから，原因になるということではないのでしょうか」
　「だけど例えば，幸福感に対する遺伝率を計算した研究によると，その遺伝率は3割とも4割とも推定されている。ということは，大学への適応が原因になるといっても，大学適応が幸福感のすべての原因ということにはそもそもならないよね」
　大学に適応するかどうかが，その人の遺伝よりも先にあるわけはないか……。
　「その因果関係が成立するとしても，いったい幸福感の何割が大学への適応で説明できるだろうか」
　「大学への適応は幸福感の原因の一部にすぎない，ということでしょうか」
　「そこに完全な因果関係が存在することは考えにくいからね」
　すべてが説明されるわけではない。思いつきもしなかった考え方だけれど，言われてみれば当然のことのように思える。先生は続ける。
　「さらに言えば，その幸福感に影響する遺伝子が，大学への適応にも関与する可能性を考えることもできる。例えば1つの例だけれど，頭蓋骨の厚みを増やす遺伝子があるとすれば，その遺伝子は身長を少しだけ高めることにも，体重を少しだけ増やすことにも関与する」
　頭蓋骨が少し厚くなれば，たしかに少しだけ身長が伸びて，少しだけ体重が増えるか……。
　「同じ要素であっても，評価の仕方によってその価値判断は変わるかもしれない。極端な話をすれば，もしかすると，大学への適応も幸福感も，同じものを違う側面から見ているだけなのかもしれない」
　どうも混乱してきた。何となくはわかるのだけれど，なかなか理解できな

8月　つながり

い。
　私の不安そうな表情を見たからだろうか，先生はこう言った。
「まずは，こういう考え方もあるんだっていうことだけ覚えておけばいい。庭瀬さんはこれから，物事の考え方についても，統計的な手法についても，いろいろなことを学んでいく。そのときそのときで，自分なりに身につけていけばいいんじゃないかな」
「統計については，日浅先生の授業でね」
　奥山先輩が言った。
「単位とるの，厳しいぞー」
　他の先輩が続けて言う。
「原須先生よりは厳しくないけどな」
　先輩たちが笑う。うーん，これからの大学生活，覚悟しないといけないみたいだ。
「高槻さん，もう一度データをとるつもりなんだよね」
　先生が高槻先輩に聞いた。
「はい。もう一度データをとる予定でした。別の調査にしようかと思っていましたが，先生のおっしゃるように，パネル調査をしてみようと思います」
「二度の調査で調査対象者の照合ができるように，データをとってあるんだよね。夏休みのあとには，もう同じ授業はないけれど，ちゃんと集められるかな」
「はい。できる限り集めてみます」
「よし。じゃあこのまま研究を進めて。さあ，飲むぞ！」
　先生の言葉に，先輩たちが歓声を上げる。え？ これまでももうお酒を飲んでいたと思ったのに，これからさらに飲み会になるの？
「未成年か。じゃあジュースだね」
　名前を知らない先輩から，部屋に入ってきたときと同じ言葉をかけられた。
「あ，はい」と答える。

しばらくして，高槻先輩が隣の席に戻ってきた。
「お疲れさまでした」
私が先輩に言う。
「どう？江熊ゼミ。大変だけど，楽しいでしょう」
先輩の言う通り。勉強は大変そうだけど，先輩たちはみな楽しそう。
「去年の10月に庭瀬さんにもやってもらった調査を，夏休みが空けてからもう一度やることにするわ。でも，庭瀬さんにはもう答えてもらえないな」
「どうしてですか」
「だって，もう私の研究内容がわかってしまったでしょう。だからよ」
たしかに，今回，高槻先輩の研究の話を聞いてしまったので，次の調査に回答するときには回答が変わってしまいそうだ。
先輩とはその後も，朝方までいろいろな話をした。高校時代の修学旅行の夜のようで，とても楽しい。ああ，早く私もゼミに……江熊ゼミに入りたい！

江熊先生とゼミの先輩たちは，その2日後に帰っていった。
「あおいは，江熊先生やゼミ生の先輩たちと話をしたの？」
私はあおいに尋ねる。
「もちろん。私はその気になれば誰とでも気軽に話せるのよ」
さすが。
「誰と，どんな話をしたの」
私は気になって聞いてみた。
「何人かの先輩と。どの授業が大変で，どの授業の単位がとりやすいかとか。傾向と対策ね」
あおいはニコニコしながら答えた。
「それ……私にも教えてくれる？」
「いいよ」

私とあおいは，その後も1週間，その宿に滞在した。
　大学生活2年目の夏休みは，なかなか充実していた。
　やっぱり，大学生活が楽しいからこそ，幸せな気分になるんじゃないのかな。
　そう思った。

10月　みあやまり

擬似相関

　秋学期が始まって数週間が過ぎた。もう10月も半ばだ。あんなに暑かったのに，今朝は肌寒いくらい。

　秋学期，私はあおいが島の宿で先輩から聞いた情報を参考にしながら，春学期よりも余裕のある履修計画を立てた。

　あおいは，そんな私のスケジュールを見て，「いいね」と言いながら，結局ほとんど同じ科目を履修した。

　今日もいつものように，あおいに倉田君とカフェテリアで昼食。

　昼食の時間はいつも，とりとめもない話に終始する。今日は，あおいのアルバイトの話になった。

「そのバイト，たしか夏休みが終わってから始めたんだよね」

「そうそう。そうなのよ。家を手伝う以外にも働いてみようと思ってさ」

　あおいの家は，喫茶店をやっている。土曜や日曜はアルバイトとして手伝いをすることもあると聞いている。

「こっちは夜中のバイトで大変なんだけど，年末までに少しは自分で稼がなくちゃね」

　あおいが言う。

「年末までに稼いで，何するつもりだよ」

　倉田君が言う。2人はつき合っている。年末年始といえば，やはりクリスマスに初詣。カップルにとっては大事な季節，なのかな。

　とにかく，あおいは幹線道路沿いのインターネット・カフェで，夜間の店

員のアルバイトを始めていた。
「ところで最近，店長が変なことを言い始めてさ」
あおいが言う。
「変なって，どんなこと」
倉田君が尋ねる。
「「大学の勉強ができない学生ほど，売り上げを伸ばす」って言うの」
勉強ができない学生ほど，売り上げを伸ばす。私は，心の中で反復してみた。いまいち，すっと理解できない。
「何それ」
と倉田君。私も，「何だか変ね」と言う。
「それでさ，「成績の悪いバイトから優先してアルバイトの予定シフトを組む」なんて言うの」
本当に変なの。
「どうして？」
私は言った。本当にわからない。
「要は，私たちに「勉強するな」って言うわけだよ」
ますます変だ。
「めちゃくちゃね」
「そうなんだよ。だから，私たちアルバイト仲間が困っているの」
あおいの話によると，アルバイト先の店長が「大学の勉強の出来と売り上げとの間には負の関連がある」ということを，最近になって言い始めたのだという。どうも，何かのウェブページに書かれていたことを，信じてしまったらしい。
「勉強の出来と，売り上げの間になんて，何も関連はないと思うけどなあ」

その日，家に帰ってから，あおいが話していた内容が気になった。そこでスマホを手にし，検索サイトにキーワードを打ち込んでみた。
「成績」「大学」「売り上げ」……あ，あった。あおいが言っていたのはこ

の話にそっくりだ。

　それが書かれていたのは，ある経営者のウェブページだった。

　その経営者は長年，大学生のアルバイトを雇ってきたが，その中である法則に気づいたのだという。

　それは，「出来の悪い大学生ほど，売り上げを伸ばす」という，あおいが言っていた内容そのままの法則だった。

　その内容は，こういうものだった。

　出来の良い大学生は，自分が優秀だと思っているので，自分よりも劣った人々のことを見下してしまう。だから，店で接客をするときにも，そんな態度が表に出てしまう。そういう学生は，店で客商売をするのに向いていない。むしろ，成績の悪い，少し劣等感をもつような学生の方が，他人の痛みがわかるので，店の売り上げを伸ばすのだ。だから，大学生は出来が悪い方がいい，という。

　よく読むと何だか変だが，不思議と賛同する人もいるようだ。

　その経営者は，その内容を強く信じているようで，この内容についてくわ

しく書いた本まで出版している。

　きっと，あおいのアルバイト先の店長は，この情報を見たのだろうなあ。

研　究　室

　久しぶりに，江熊先生の研究室を訪れた。何か新しい本を借りるため。だけど，先生に会うため，という目的もある。先生に会うのは，夏の旅行以来だ。夏に訪れた島や旅館の話を交わして，お薦めの本を1冊，先生から受け取る。どんな内容なのか，楽しみだ。

　そのときふと，先生ならこの問題についてどう思うかな，と考えた。

　「先生，今日はもう1つ，教えていただきたいことがあるのですが」

　先生の表情が，「また始まったね」と面白がっているように見えた。

　「どういう内容のことかな」

　「大学生についての話です」

　私は，あおいのアルバイト先の話，そこの店長が大学生の成績と売り上げとの間に関連があると信じているということ，その情報のもとはウェブページにあるということを話した。

　「先生は，どう思われますか」

　先生は，「ふーん」と言って，おもむろに本を取り出した。

　「もしかして，この本のことかな」

　先生が取り出した本は，私がウェブページで見た本そのものだった。出来の悪い学生ほど売り上げを伸ばす，という説を提唱している経営者の本だ。

　どうして先生の研究室にこの本が？

　もしかして，先生はこの本の内容を信じているの？

　「先生，どうしてこの本をもっているのですか？」

　思わず聞いた。

「ああ。僕は，とりあえず気になった本はできるだけすべて目を通すことにしているんでね」

それで，この研究室はこんなに本であふれているんだ。

先生は続ける。

「この本はたまたま，別の本の中で取り上げられていたものなんだ」

別の本からこの本にたどり着いた，ということか。

「別の本で紹介されていたということは，有名な本なのでしょうか」

私はこんな説は知らなかった。でも，世の中では有名なのかな。

「有名かどうかは知らない。でも，一部では知られているようだ。気になったから，古本屋で見つけたときに買ってみた。よく売れた本みたいで，安かったよ」

先生はちゃんと最後まで読んだのかな。

「もう読まれたのですか」

私が聞くと，先生はこう言った。

「最初の章を読んで，あとは流し読みだな」

ということは，たいした内容ではなかったということだろうか。

「どう思われましたか」

ちょっとしつこいかな，と思いながらも聞いた。

「この本の内容は，人間のもつ**認知バイアス**そのものだよ」

この変わった本の内容が，心理学の話に結びついたので，驚いた。

「でもまずは，コーヒーだな」

私はすぐに立ち上がり，コーヒーメーカーをセットした。

因果関係の見誤り

研究室にコーヒーの香りが広がる。口に含むと，いつもと同じ酸味と苦さ。先生は，マグカップを持ちながら話し始めた。

「何かと何かに関連があっても，そこに**因果関係**があるとは限らない。そういう話を，これまでにも何度かしているよね」

この前の夏も，そういう話になった。

「夏にゼミ合宿の発表会に参加させていただいたときに，因果関係の話になりました」

「そうだね。あのときは，どうやったら因果関係を明らかにすることができるかという話をしていたね」

因果関係を確定するのは，予想以上に難しい問題だった。その後，高槻先輩はもう一度苦労して調査を行い，因果関係について検討したと，先輩自身から聞いた。

「それから，さっき庭瀬さんに貸した本は，**ヒューリスティックス**について解説してある。人間がいかに因果関係を誤って知覚するか，という内容についても触れられている」

この本は，そういう内容の本なんだ。読むのが楽しみになってきた。

「カーネマンという研究者がヒューリスティックスの研究を始めたきっかけは，パイロットの教官に対して授業をした経験にあるらしいんだ」

パイロットを育てる先生たちに，授業をするのか。

「カーネマンは当時の心理学の研究知見から，「うまくできたときにほめることが良い」という話をした。ところがパイロットの教官たちは，自分たちの経験から「それは違う。逆だ」と主張したんだ」

意見が真っ向から対立したということか。カーネマンはほめる方がうまくいくと主張し，パイロットの教官たちは失敗したときに怒る方がうまくいくと主張する。どっちが正しいんだろうか。

「パイロットの教官たちは，自分の経験から，「怒ったあとの方が生徒たちはうまい飛行をする」と言ったんだ。でも，カーネマンにはそれが信じられなかった」

「どうして意見が食い違ってしまったのですか」

「心理学者のギロビッチが**回帰の誤謬**(ごびゅう)と呼んだ現象だね」

回帰の誤謬……。

「ある訓練中のパイロットの着地技術が平均的，そうだね，100点中50点だとする。だけど，毎回の着地が50点ということにはならない。毎回の着地は風向きやタイミングやいろいろな要素で，良かったり悪かったりする。庭瀬さんだって，テストでいつも同じ点をとるわけじゃないだろう」

もちろん，テストの点は良かったり悪かったりする。

「あるとき，そのパイロットが着地訓練に大失敗したとしよう。100点中10点だ」

「大失敗ですね」

「そう，大失敗。だから教官に怒られてしまう」

真っ赤な顔でどなっているパイロットの教官をイメージした。怖そう。

「でもそのパイロットの本来の技術は50点なのだから，その大失敗の次はそこそこの成功を収める確率が高い」

私は「あっ」とつぶやいた。「先生，だから怒ったあとは成功すると感じるのですね」

「そうだね。逆に着地が大成功したとしよう。100点満点で90点。するとパイロットの教官はほめる」

「だけど，次はそのパイロットの技術が50点くらいだから……」

「そんなにうまい着地にならない可能性があるね。すると，ほめたあとはうまくいかない，という事実が観察される」

「それが繰り返されるから，パイロットの教官たちは「失敗したら怒った方がうまくいく」と思うようになっていくのですね」

「そうだね。この現象のように，あるときの結果が極端に良かったり悪かったりすると，次の結果は平均に近づいていく現象を，**平均への回帰**というんだ」

「先生，それが，因果関係の見誤りを招くということなのですね」

「時間的な前後関係があるからね。あたかも，叱ったことが次の成功を導いているように感じられてしまう。庭瀬さんも僕も，普段の生活の中で何か，

そういう因果関係の認識をしてしまっている可能性はある」

擬似相関

「アイスクリーム，食べるかな」
　そう言うと，先生は研究室の片隅にある冷蔵庫の中からカップ入りのアイスクリームを出した。
「昨日おみやげにもらったアイスクリームだよ」
　少しお腹が空いていたので，ありがたくいただいた。外は秋の気配だけれど，部屋の中は暖かく，冷たいアイスクリームが美味しく感じられる。
　先生は話を続ける。
「第3の要因によって，擬似的に相関が生じることがあるんだ」
　擬似的……似ているけど違う，ということだろうか。
「例えば，アイスクリームの売り上げと，水死者数との関連というのを考えてみてほしいな。どうだろう，関連があると思うかな」
　そんなの，考えるまでもないと思った。
「ないと思います」
　私はすぐにそう答えた。すると先生は言った。
「でも，実際に，毎月の統計をとると，明らかにアイスクリームの売り上げが高いときに水死者数が多いんだ」
　私は驚いた。本当にそういうデータがあるの？
「そうなのですか」
「うん。実際にそうなる。だけど，そのデータに基づいて，「水死者を減らすためにアイスクリームの販売を自粛せよ」と言ったらどうなる？アイスクリーム業者が「売り上げを伸ばすために，危険な水場をたくさんつくって水死者を増やすべきだ」と言い始めたら？」
　そんなの，おかしいと思う。

「正しいとは思えません」
そんなの，絶対に正しいとは思えない。

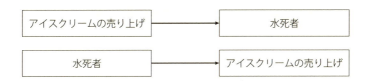

「僕もそう思う」
あれ？ 先生もそう思うんだ。少しホッとした。先生は続ける。
「でも，「データ上は，実際に関連があるじゃないか」と反論されたらどうしようね」
「つまり，データが誤っているということでしょうか」
私は言った。先生はうなずきいて，マグカップに残った冷めたコーヒーを飲み干した。そして続ける。
「データの集め方には問題がないとしよう。アイスクリームの売り上げも水死者数も，どちらも信用できるデータだ」
データそのものには，疑問はないということか。
「それでも，どこかに誤りがあるということでしょうか」
「たとえ，データそのものが信用できたとしてもね。そうだとしても，言いたい結論の証拠になりえない，ということがある」
この例だと，何が問題になるのだろう？ 私は正直に尋ねてみた。
「この場合には，どこに問題があるのでしょうか」
すると先生は，すぐ答えた。
「**擬似相関**だよ」
擬似相関……これは擬似相関なんだ。
「アイスクリームは，暑くなればなるほど売り上げが伸びる。そして，暑くなればなるほど，水死者数も増える」

私は先生の言葉を聞いて，あっ，と思った。どうしてこんなことに気づかなかったんだろう。
「ここでは，気温が**第3の変数**になっている。アイスクリームの売り上げと水死者数の双方に影響を与えている。両者の関連の原因は，気温にあるということ」

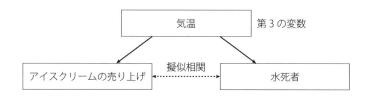

「それが第3の変数というわけですね」
　第3の変数の影響，ということが，この例で想像できた。
「そういうことだね。研究の中でもそうなのだけれど，現実の問題の中でも，なかなかこのような第3の変数を見出すのは簡単ではないんだ」
　因果関係があると思っていたのに，実は第3の変数が影響している可能性があるということか。これは，言われてみないと気づかないことかもしれない。
「夏の合宿のときに，大学への適応と幸福感の話をしたよね」
「高槻先輩の研究です」
「これは仮定の話にすぎないのだけれど。もしもある性格要因が，大学への適応にも幸福感にも影響するようであれば，大学への適応と幸福感との関連は，それらに共通して影響する性格のせいだ，と言えてしまうかもしれない」
「性格が第3の変数として働く，ということですか。本当にそういうことはあるのでしょうか」
「調べていないからわからないだけなのかもしれない」
　これからそれが研究によってわかるようなことがあるのだろうか……。

「庭瀬さん」
「はい」
私は顔を上げた。
「アイスクリームが溶けてしまうよ」
私は小さなスプーンがかろうじて刺さっている，溶けかけのアイスクリームを見た。

擬似相関を散布図で見る

「庭瀬さんは，握力を測ったことあるかな」
アイスクリームを食べ終わったところで突然そのように言われて驚いた。
「握力，ですか？」
「そう。握力」
中学時代の運動能力テストを思い出してみた……いくつくらいだろう。
「うーん，中学の頃で 25kg くらいでしょうか」
先生は「平均くらいだね」と言った。どうしてそんな平均値を知っているんだろう。先生は謎が多い。
「小学生の握力と，かけ算能力との間には，関連があると思う？」
これも不意を突かれた……握力とかけ算？ 関連があるのだろうか。
「そんなの，関連があるのですか」
あるとは思えないのだけれどなあ……。
「かけ算を習う小学 2 年生から 6 年生まで，握力を測定して同じかけ算の問題を行う。すると，ほぼ確実に，両者の間には高い正の相関関係が見られるはずだよ」
本当に？
「実際にデータをとってみなくても，わかるのですか」
本当にそういうデータが得られるのだろうか。

「実際にデータをとってみなくても大丈夫。もしもデータをとれば，おそらくは高い正の相関が出るはずだ」
　そんなこと，確実に言えるのだろうか。
「そういうデータをとると，こういう散布図が得られる」
　そう言うと先生は，メモ用紙にグラフを描き始めた。

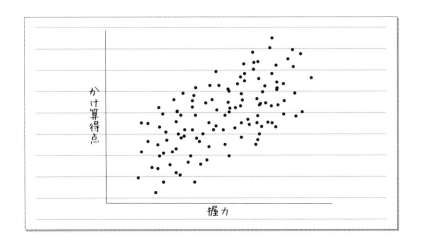

　グラフを見ると右上がりで，とても高い正の相関が得られそうだ。
「このままだと，相関係数はとても高い。.80 以上あるんじゃないかな」
　たしかに，それくらいありそうな気がする。でも，これはさっきと同じ，擬似相関の例ではないのだろうか。何が第3の変数？
「この関連には，学年が影響している」
　それが第3の変数ということなのか。
「同じテストをしているので，学年が上がれば上がるほど，かけ算の得点は上昇する。そして……」
　私は先生の言葉に続いた。
「学年が上がれば上がるほど，握力は上昇するというわけですね」
「そういうことだね」

先生がうなずく。

学年という第3の要因が，握力とかけ算の両方に影響を及ぼす。そして，結果的に，両者の間に正の相関が生じる。

先生は，このグラフに，学年の要因をつけ加えて描いた。

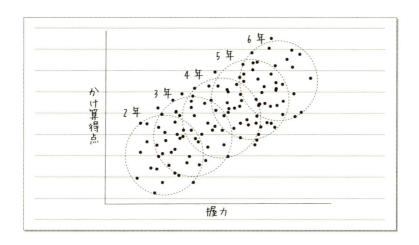

「散布図で表すと，こうなる。左下が2年生で，学年が上がるほど右上に上昇していく」

図の中で，円が順に折り重なっている。

「それぞれの学年の中だけで考えれば，散布図は円形，つまり相関は0だ。学年の影響を取り除けば，この斜めのグラフが円形になる」

影響を取り除くって？ どうすれば良いのだろう。すると先生が教えてくれた。

「この影響要因を取り除いて関連を検討するには，**偏相関係数**や，**重回帰分析**を利用した方法を使うことができる。具体的な分析については，そのうち実際にやってみることもあるだろう。まずは分析方法の名前だけ覚えておくといいね」

偏相関係数に，重回帰分析か。覚えておこう。

因果関係を確定することの難しさ

　因果関係を考えることって，思っていた以上に難しい。
「先生，因果関係を決定することが，こんなに難しいことだとは思ってもいませんでした」
　先生は軽くほほえみ，こう言った。
「人間は，因果関係を決めたいと思っている。因果関係が決まらないと落ち着かないし，原因がわからないことがあると不安を感じてしまう。そして，つい簡単にこれが原因だと決めてしまう」
　たしかに，そういうものかもしれない。
「先生，じゃあ，あおいのアルバイト先の場合は」
「基本的なところからいうと，そもそもそういう関連が観察されているのか，という点からして疑問を感じるね」
　それは，ずいぶん根本的なところだ。
「西永さんのアルバイト先の店長が主張していることは，もともとウェブページや本に書かれていることだ。でもそこには，体験談しか書かれていない」
　この説を主張している経営者は，有名な成功した経営者だ。信奉者も多い。
「どこにもデータが示されていないので，書かれていることは，その経営者がこれまでに経験したことに基づいているのだろうね」
　でも，もしもそのデータが正しいときには，どうなるのだろうか。
「先生，もしもそういうデータが得られた場合には，どうなるのでしょうか」
「百歩譲って，実際にそういうことがあったとしても，おそらく勉強ができないことが，バイトで一所懸命働いたり，店の売り上げを伸ばしたりする原因になるのではないだろうね」
　直接の原因ではないということか……。

「では，そこにはどんなことあるのでしょうか」

「成績の悪い学生が一所懸命働く，のではなくて，一所懸命働いている学生の成績が悪い，のだと思うよ」

働いているから，成績が悪くなる……逆の関係？

「因果関係が逆だということですか」

「いや，必ずしもそうじゃなくてね」

それも違う。ややこしいなあ……。

「1日の時間というのは，限られている。大学にいる時間，勉強する時間，友人や恋人といる時間，眠る時間，バイトの時間。その中で，何かに時間をとられれば，他の時間は相対的に少なくなる」

そうか，時間の取り合い。スケジュール帳の項目が擬人化されて，椅子とりゲームをしている様子が思い浮かんだ。

「そういう要因もあるし，大学生活がつまらなくて，バイトに一所懸命になってしまう大学生もいる。これは，動機づけの問題と言えるかな」

これは，動機づけが第3の変数になるということか。さっきの例でいえば，気温や学年にあたるところ。

「その場合は，学生の動機づけが，勉強とバイトの両方に影響を与えていると考えるのですね」

私は擬似相関の例を思い浮かべながらそう言った。すると先生は言う。

「高校から大学に入ると，生活は一変する。すべてをうまくこなすことって，そんなに簡単なことじゃないと思うよ」

同じ学科の学生の顔が何名か思い浮かんだ。大学に来なくなってしまった学生もいるし，大学には来ているもののバイトに明け暮れて授業中は寝てばかりの学生もいる。

「ここでも，因果関係は完全には特定できないのですね」

「それは難しい。でも，勉強ができなければ仕事がうまくいく，というのは考えにくいね」

研究室から窓越しに見える空はすっかり暗くなっていた。秋の日は釣瓶落としというが，まさにそんな感じがする。先生との会話で時間を忘れていた，ということもあるけれど。

　あおいのバイト先の店長は，おそらく因果関係を間違って認識しているのだろう。でも，この話はそれ以前に，広く知られてしまっている。

「先生，誰か「この説は間違いだ」とか「信じないで」とか，そういうことをみなに知らせる方法はないのでしょうか」

　先生は，肩をすくめて答える。

「あのウェブページや本への反論は，すでに別の複数のウェブページで書かれている。本も出版されている。ただ，広く知られていないだけだ」

　何だか，もどかしい気分になる。でも……。

「もっと，もっと広めるにはどうしたら」

「こういうのは，意図して広められるわけじゃない。あとは，個々の人々が何を情報源とし，どんな判断をするかに委ねられているんだ。僕たちは，そういう意味で賢くならなければいけないだろうね」

　先生はさらに続ける。

「何でも疑えばいいというわけでもない。何かを信じて，そこによって立つことで，別の問題の解決策が手に入ることもあるだろう。だけど，調べて考えることを怠ってはいけないと思うよ」

　すでに信じてしまっている人に対しては，どうしたらいいのだろうか……。先生は，私が考えていることを見透かすように言う。

「すでに信じてしまった人の意見を無理に変えるのも，とても難しい。残念だけどね」

　あおいのアルバイト先の状況は，もう変えられないのだろうか……。

街灯の光の下で

　江熊先生の研究室を出た。もうとっくに日が落ち，暗いキャンパス内を，ぽつぽつと街灯の光が照らしている。
　図書館の前で，あおいに出会った。
「あおい。こんな暗くなるまで残っていたの」
「お，ミライじゃん。友達と話してたらこんな時間になっちゃった」
　友人の多いあおいらしい言葉だ。
「今日は寒いね」
　あおいが言う。
「うん，寒いね」
　上着を，胸の前でぎゅっと締めた。気づけば，吐く息も白い。
　私はあおいと一緒に静かで暗いキャンパスの中を歩きながら，先生の研究室で聞いた話を，順を追ってあおいに説明した。
　あおいは熱心に聞いていてくれた。そして私が話し終わると，あおいはこう言った。
「ありがとう，ミライ。なるようになる。きっと，うまくいくようになるよ。私，こういうことは楽観的に考えることにしているんだ」
　あおいらしい。私はそう思った。
　冷たい街灯の光が，私たちを照らしていた。
「じゃあねミライ。これからバイトに行ってくる。うまくやってくるよ」
　バイバイと左右に振る手の指先が，街灯に白く照らされてキラキラと輝いたように見えた。

10月　みあやまり

11月　くみあわせ

交互作用

　秋の学祭が始まった。大学の中は，お祭りムード一色だ。色とりどりののぼりが立てられ，趣向を凝らした看板もあちこちに立てられている。学生たちの会話のボリュームも，普段より一段と大きくなっているように聞こえる。
　高校時代の文化祭とは規模が違う。出店もたくさんあって，あれこれ買って食べながら歩くのも楽しい。部活動やサークルの展示，研究発表，お化け屋敷や迷路など，アトラクションも考えられていて面白い。組み立てられた舞台では，バンドが演奏を始めようとしている。
　私は出店の間をひとまわりして，あおいが学科の仲間たちとやっているお好み焼き屋へ向かう。あおいと数人の心理学科の仲間が独自に，学祭でお好み焼きの出店をしているのだ。サークルでもなく，学科でもなく，友人仲間で店を出すケースは珍しいようにも思うが，本人たちは「楽しそうだから」というノリで，1年生のときに引き続き，出店している。
　私や倉田君は，こういう仲間グループとは少し違うメンバーになっている。どういったらいいのかよくわからないけれど，部活やサークルに所属するのはあまり好きな方ではない。でもあおいは，こういうノリが大好きだ。この仲間たちと一緒にいるときも，とても楽しそうに見える。もちろん，私や倉田君との関係も，とても大切にしてくれているけれど。
　あおいがやっているこのお店，昨年も美味しいと評判になっていた。今年は，このお好み焼きを目当てに学祭にやってくる近所の人までいるという。そういう話を，あおいとのメールのやりとりの中で知った。

私が訪れたときも，長い行列ができていた。お店を少し遠くから見渡しながら，あおいを探す。すると，短いスカートのセーラー服を着た女性が，声をかけてきた。
「あ，ミライじゃない。お店に来てくれたんだ」
　セーラー服を着ていたのは，あおいだった。まだ女子高生だといっても，十分通じるだろうな。女子高生風の手書きの看板も持っている。この格好で，出店への呼び込みをしているようだ。もしかして，これも人気の1つの要因なのだろうか。
「すごい，大盛況じゃない。並んでもなかなか買えなさそうだよ」
「よし，私にお任せあれ。チケットは持っているよね？」
　私は，以前にあおいから買ったチケットを1枚手渡した。そして，そのチケットを受け取ると，お客さんを呼び込みながら出店のテントの方へ向かっていった。
　しばらくすると，あおいはお好み焼きのパックを2つ持って帰って来た。
「はい，どうぞ。1つはおまけ。他のお客さんには内緒だよ」
　あおいはウインクしながら小さな声でそう言い，また客の呼び込みへと戻っていった。今年は昨年以上に売り上げを伸ばしそうだ。

確証バイアス

　私は，あおいから受け取ったお好み焼きを手に持って，江熊先生の研究室に向かった。心理学科のある校舎は，大学の中心から少し離れているので，学祭の騒々しさはここまで届かない。
　ドアをノックする。
「どうぞ」
　江熊先生の，乾いた声がした。
「失礼します」

「ああ，庭瀬さんか。学祭はひと通りまわったのかな」
「はい。あ，先生，よかったらお好み焼きいかがですか。あおいが友人と出店をやっていて」
　先生は椅子から立ち上がり，私の手からお好み焼きを受け取った。
「西永さんのお店というと，去年も美味しいって評判だったお好み焼きだね。ありがとう。一度食べてみたかったんだよ」
　よかった。先生は，まだこのお好み焼きを食べたことがなかったようだ。
「先生は，食べたことがないのですか」
「ウワサは聞いたことがあるけれど，あの行列では並んで買う気がしないよね」
　私も，あおいがいなかったら行列を見て買うのをやめるだろうな。そう思った。
「冷蔵庫にお茶があるから，飲むかな」
　先生が差し出した紙コップを受け取り，冷蔵庫に向かう。

先生の部屋に来たのは，本を返してまた新しい本を借りるためだ。もう何冊も，江熊先生から本を借りている。だって，研究室には図書館よりも新しい本がたくさん並んでいるから……というのは理由の半分で，もう半分は，江熊先生と話ができるから，なのだが。

　お好み焼きは，その両方に対するお礼のつもり。もっとも，2つのうち1つはあおいのおまけだけれど。でもそのおかげで先生と一緒に私もいただくことができる。

「先生，お借りしていた本，読み終えました。ありがとうございました」

　私はお好み焼きを慎重にソファの前にあるテーブルの上に置き，かばんの中から1冊の本を取り出した。

「もう読んだのか。早いね」

　先生が言う。今回の本は400ページくらいあってちょっと分厚かった。でも，とても面白くて一気に読んでしまった。

「はい，面白かったので一気に読んでしまいました」

　先生は私の言葉を聞くと，少し嬉しそうな表情をして，お好み焼きをひと切れ，口の中に放り込んだ。

「うん。その本には，普段僕たちがいかに事実と違うことを信じてしまうのか，ということがたくさんの事例とともに挙げられているね。庭瀬さんも，何か普段の生活の中で思い当たることがあったんじゃないかな」

　本当に，そういう例がたくさん載っていて，わかりやすく面白かった。そして，自分でも多くの気づきがあったのは確かだ。

「はい。**確証バイアス**の話は，思い当たることがたくさんありました」

　確証バイアスとは，自分が抱いている信念を肯定する情報ばかりを重く見て，自分の信念に反する情報は軽視してしまう，人間誰もがもつ認知バイアスの1つだ。

「私も，先入観に合う情報ばかりを求めてしまうことがあります」

　先生は，うなずきながら私の話を聞いていた。

「確証バイアスは，非常に強力な認知バイアスだね。例えば，僕が宇宙人

だとしよう」

　先生が宇宙人？　何だか面白い。

「先生が，宇宙人ですか？」

「そう。もちろん本当ではないんだけど，宇宙人だと，庭瀬さんが信じていたとしよう」

　もちろん，そういう想定のもとでの話ですよね。

「はい」

「僕の普段の行動を見て，どう解釈するかな」

　先生の普段の行動を見て，宇宙人だと解釈するということか。どうだろう。

「そうですね……どうでしょうか」

　正直，先生の普段の行動を見ても，あまり宇宙人っぽいとは思ったことがないもんな。

「例えば，僕がいい天気だな，と思って食堂前の中庭で空を見上げていたとする」

　ああ，そういうシチュエーションということか。だったら……。

「もし私が先生のことを宇宙人だと信じていれば，「いま先生はきっと，UFOと交信しているんだ」なんて思うかもしれませんね」

「ああ，いいね。そういうのが確証バイアスの例だね」

　先生はまんざらでもない様子だ。

信じること

　先生と私はお好み焼きを食べ終え，紙コップのお茶を飲み干した。

「さて，確証バイアスは現実の行動にもちょっと困った問題をもたらすことがあるんだ」

「確証バイアスが問題になる場合，ですか」

「例えば，庭瀬さんが，何にでも効く特効薬を見つけたと信じたとしてみ

よう。何でもいいんだけど……例えばコーヒー」
「コーヒー」
　そういえば先生はよくコーヒーを飲むのだけれど，今日はお茶だな，と目の前の紙コップを見て思った。
「そう。コーヒーってことにしてみよう。で，頭が痛いとか，のどが痛いとか，お腹が痛いとか，風邪をひいたとか，そういう人たちに，「このコーヒーを飲めば治りますよ」と言って，コーヒーを飲ますんだ」
　治療院のような施設で働く自分の姿を思い浮かべてみた。あまりリアルに思えないけれど。
「すると，どうなるのでしょうか」
「きっと，庭瀬さんは，コーヒーが何の病気にも効くって信じるようになると思うよ」
　いやいや，そんなことはあるはずがない。コーヒーが万病に効く薬だなんていう話は，どこかにはあるかもしれないが，私はそんなことを信じてはいない。でも，ひょっとして……。
「なぜ，そんなふうに思うようになってしまうのでしょうか」
　私は尋ねた。
「コーヒーを飲んで，たまたまその病気が治った人だけが，次に君の治療を受けに来るからだよ」
　頭痛持ちの患者さんが2人いて，コーヒーを飲む。1人はたまたま治り，もう1人は治らない。治らなかった患者さんはもう私のもとにはやってこない。治った患者さんだけ，次に風邪をひいたときに私のもとにもう一度やってくる。私はまたコーヒーを飲ませる……私はここではっとした。これも確証バイアスか。
「私はコーヒーが何にでも効くと思っていて，実際に効いた人だけに注目してしまう，ということですね」
「実際にはまったく効果がなくてもいいんだ。頭痛や腹痛なんて，何もしなくても治ってしまう確率は高い。でも治療を受けた方は，コーヒーのおか

げだと思って，再び庭瀬さんのもとを訪れる。庭瀬さんは，飲んで治った人だけを現象として目にすることになるので，「やっぱりコーヒーは効くんだ」とどんどん信じるようになっていく」

　この話を聞いて，以前に先生から教わった内容を思い出した。人間は，無関連という状態がどういうものなのか，よくわかっていない。たとえ無関連の現象を見せられたとしても，そこについ関連を見出そうとしてしまう。

　「確証バイアスも，人間がどこに**原因**を求めるか，ということに影響する」

　原因をどこに求めるか……最近，頻繁にこの問題が登場してくるように感じられる。しかも，出てくるたびに，原因を求めることが簡単ではないことを実感していくのだけれど。

　「確証バイアスの場合は，自分がもっている信念を支持する原因ばかりを探してしまう，ということなのですね」

　「そうだね。そこから逃れて純粋に原因を探すことは，とても難しい。苦労することだ。ただ，通常はそれを難しいことだとも考えていないところがやっかいだけどね」

　だからこそバイアス，つまり偏りと呼ばれているんだな。

　「ところで，西永さんのお好み焼き屋さんは，どうしてこんなにはやっているんだろうね」

　よっぽど，お好み焼きが美味しかったのかな。たしかに美味しいけれど。

　「どうしてでしょう」

　いくつか原因が思い浮かぶように思うのだが，どれが原因なのだろう。

　「ほら，人間はすぐに原因を探したがるものだ。いったい何が原因だと思うかな」

　「いくつか原因があるような気がするのですが」

　私がそう言うと，先生は「うん」とうなずく。

　「じゃあ，思いつく原因を言ってみて」

11月　くみあわせ

原因を考える

　あおいのお店がはやっている原因か……考えていると，先生が立ち上がった。
「あ，先生，どうしたのですか」
　私が尋ねると，先生が言った。
「食後のコーヒーを淹れようと思ってね」
「あ，じゃあ私が」
　私が立ち上がろうとすると，先生が私の動きを制して言った。
「いいよ。僕が淹れるから，原因を考えていて」
　しばらくすると，コーヒーメーカーからポコポコと水が沸騰する音とともに，酸味の効いた香りが漂ってきた。あ，先生，コーヒー変えたな。
「先生，コーヒー豆，変えましたか？」
「よくわかったね。粉を買う店を変えてみたんだ」
　しばらく香りを楽しんでいたが，そうそう，考えなくちゃ，と思い直して再び考え始める。
　先生はコーヒーメーカーからコーヒーを2つのマグカップに注ぎ，1つを私に手渡してくれた。
「思いついたかな」
　椅子に座った先生が尋ねる。
「そうですね」
　手に持ったマグカップから，手のひらに熱が伝わる。
　あおいのお店が繁盛している理由。
「1つは，実際に美味しいということがあると思います」
「そうだね。たしかに学生がつくるお好み焼きとしては美味しいね」
　先生もさっき美味しそうに食べていたし，私も美味しいと思った。
「あのメンバーの1人，駅前のお好み焼き屋の息子だからなあ」

先生はこう言った。あおいと一緒にお店をやっている……同じ心理学科のあの人か。
「浜松君……そうだったのですか」
「駅前に「浜松」っていうお好み焼き屋があるよね，そのお店だよ。そういえば，夏前にもゼミ生と一緒に食べに行ったな。いつも繁盛していて，なかなか予約がとれないんだよ。ゼミ生と行ったとき，彼は店の手伝いをしていた」
だからあおいの店のお好み焼きも美味しいんだな。なるほど。あおいのお店の秘密が1つ明らかになったような気がした。
「他にも要因があるかな」
先生が言う。たしかに美味しいが，それ以外の要素もあるだろうか。
「あのお店，派手な格好で客引きしていますね」
あおいが着ていたセーラー服，目立っていたなあ。ほかのメンバーのコスチュームも人目を引くものばかりだった。
「ああ，たしかにずいぶん目立つね。たしかにあれもお客さんを呼び込む1つの要因だろうなあ」
先生も私の意見に同意してくれた。
「ですよね。先生もそう思われるのですね」
先生は少し照れくさそうに笑って，マグカップを口に持っていった。
「さて，美味しさの要因に，客引きの要因。ほかにもあるかな」
先生はさらに私を促した。ほかには……これはどうだろう。
「場所はどうでしょうか。お店の場所です。あおいたちのお店は，人通りの多い場所に出ていたように思います」
学祭で出店する場所は，限られている。しかし，あおいたちの店は，一番人通りの多い場所に出ていたように思う。
先生は，少し視線を上に向けた。お店の位置を頭の中で確認しているように見える。
「そうだね。あの場所は，正門から入ってきたお客さんが必ず通る場所だ。

お店を構える場所としては,一等地だね」
　やはりそうだったのか。
「場所は,くじ引きですよね」
　学祭への参加を促すビラで,そのことは何となく知っていた。
「くじ引きだよ。でも,彼女たちの店は,去年も同じ場所だったように記憶している。ずいぶん,くじ運が強いね」
　あれだけ多くの出店場所があって,2年連続で人通りの多い同じ場所にくじ引きで決まるなんて,本当に運がいい。
「場所を決めるのに何か裏技があるとは思えないからね。公平なくじ引きのはずだ。ただ,2年連続であの最高の場所で出店できている,ということを快く思わない学生はいそうだなあ」
　先生はそう言った。

主効果と交互作用

　手元のコーヒーが冷えてきた。私は残りのコーヒーを飲み干す。
「さて,ここで3つの要因が出揃ったね」
　あおいのお店が繁盛している理由のことだ。
「美味しさの要因,客引きの要因,立地の要因ですね」
　私が言うと,先生はうなずきながら答える。
「そうだね。これら3つの要因があるとき,それらは売り上げにどう影響を及ぼすんだろうね」
　3つの要因がどう影響を及ぼすか……それぞれ影響するんじゃないだろうか。
「それぞれが,売り上げに対してプラスの要因になるように思います」
　私がそう答えると,先生は言った。
「うん。1つずつの要因が,それぞれ独自に売り上げに影響を及ぼすと考

えることはできるね」

　美味しいから売り上げが伸びる，客引きが上手だから売り上げが伸びる，立地がいいから売り上げが伸びる，という考え方だ。

「組み合わせはどうだろうね。それぞれの要因は，売り上げに対して独自に影響するだけだろうか」

　組み合わせ……独自に影響？　どういうことだろう。

「売り上げに影響を及ぼす原因が3つあるとき，それぞれが単独で独自に売り上げに影響を及ぼすだけじゃなくて，組み合わせた効果を考えることもできるんだ」

「組み合わせた効果，ですか」

　私は言った。

「そうそう。例えば今回の場合だと，特に立地と客引きの要因は，互いの原因が相乗的に売り上げに影響を及ぼす可能性はあるかもしれないね」

「相乗的に，ですか」

「立地だけでも客引きだけでも売り上げはたいして伸びないけれど，両者が合わさることで売り上げが一気に伸びるということがあるかもしれない，ということだ」

　なるほど。

「たしかに，客通りの多い場所でお客さんを呼び込んでも，場所が遠かったらあれだけの行列にはならないかもしれませんね」

「可能性としてはね，美味しさの影響，客引きの影響，立地の影響，それから美味しさと客引きの組み合わせの影響，美味しさと立地の組み合わせの影響，客引きと立地の組み合わせの影響，さらに，美味しさと客引きと立地の組み合わせの影響，を考えることができる」

　A，B，Cという3つの要因があるとき，それぞれ単独の影響と，A×B，A×C，B×CそれからA×B×Cという組み合わせが考えられる，ということか。

「ここで，単独の効果のことを**主効果**，組み合わせの効果のことを**交互作**

11月　くみあわせ　　145

用と言うことを覚えておくといいだろうね」

「交互作用、ですか。統計の授業でやりましたけど……よくわかっていないです」

たしか、**2要因の分散分析**を習ったときに出てきたはず。でも、交互作用の意味を、いまひとつつかんでいない気がする。

「この場合、要因が3つあるんだけど、2つの要因の組み合わせの効果のことを**一次の交互作用**、3つの要因の組み合わせの効果のことを**二次の交互作用**という」

だんだんややこしくなってきたな。

私の気持ちを見抜いたのか、先生は「難しいかな」とつぶやいた。

そんなに気持ちが顔に出ちゃっているのかな。

主効果のグラフを描く

先生は、机の引き出しの中からメモ用紙とペンを取り出した。

「単純に、客引きと立地の要因だけを考えてみようか」

そう言うと、紙にグラフを描いた。縦軸には売り上げ、横軸が立地の良し悪し、線の種類が客引きの有無、を表すようだ。

「西永さんたちの店が開くのは年に一度きりだから、同じ店を何度も開いて実験するわけにはいかない。だけどここでは、同じ味の店を何度も違う条件のもとで開いたと考えてみよう。そして、売り上げの平均値をグラフに描いていく」

1つ目のグラフは、2本の線がほとんど重なっていて、平行になっているものだ。

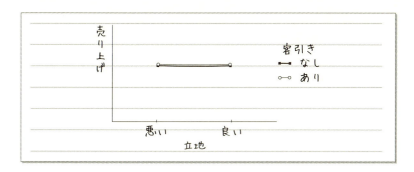

「このときは、主効果も交互作用もない。どの要因の組み合わせも、売り上げを高めたり低めたりしないからね」

まったく効果がないグラフということなんだ。

「次にこうなったらどうかな」

そう言うと、先生は2つ目のグラフを描いた。さっきと同じほとんど重なる平行線だが、2本の線が斜めになっている。

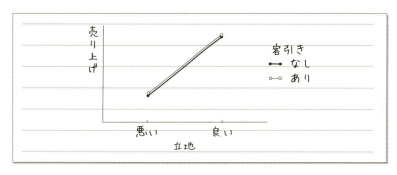

「こうなると、立地だけが売り上げに影響を及ぼしていると考えることができるね。客引きの有無で線は離れない。だけど、立地の要因でグラフが傾く」

「客引きがあってもなくても、立地が良ければ売り上げが伸びるし、立地が悪ければ客引きには関係なく売り上げは落ち込む、ということですね」

「そう」

先生はうなずいた。
「まだまだ。次はどうだろうか」
先生はまた横に，3つ目のグラフを描く。今度は水平な線で，2本の線は離れている。

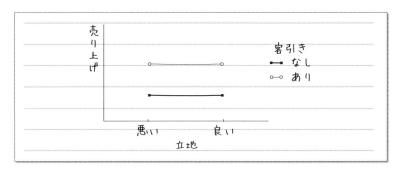

「このグラフは，立地には効果がなく，客引きの効果だけが見られる場合だ」
「どの場所で営業していても，客引きをすれば同じように売り上げが伸びる，というグラフなのですね」
グラフは2本の線が離れたまま平行になっている。要因の組み合わせの部分を指でたどってみると，グラフの意味がよりわかるような気がする。
先生はさらにその横にもう1つグラフを描き始めた。

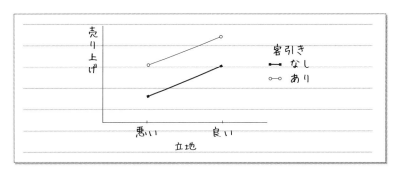

今度のグラフは，2本の線が平行を保ったまま，傾いている。

「このグラフだと,どうなると思う?」

先生は私に聞いてきた。私はまた1つひとつの要因を指でたどって,売り上げの縦軸の位置を確認する。

「もしかして,客引きの主効果も,立地の主効果も両方とも見られるグラフ,ではないでしょうか」

先生の顔を見ると,笑って「そう」と言ってくれた。

「両方の主効果が見られるケースというのは,それぞれの要因があればあるほど効果が生じる,という現象のことを指す。両方の主効果が見られるとこんな形のグラフになる,ということを覚えておくといいだろうね」

先生はそう言った。

交互作用効果

さらにグラフが描かれるようだ。先生は新しいメモ用紙を取り出し,グラフを描いた。

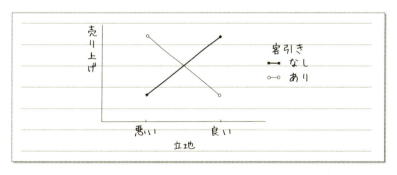

次のグラフは,「バツ」の形になっている。

「これが,交互作用効果が見られる例だ」

グラフをよく見てみることにした。

立地が悪い場合,客引きがあると売り上げが伸び,客引きもない状態だと

11月 くみあわせ

売り上げは悪い。立地が良い場合には，客引きがない方が売り上げは伸び，客引きがあるとかえって売り上げが悪くなってしまう。立地が良い場合に客引きをすると売り上げには逆効果なので，こんな結果が出た場合には，良い出店場所で売り上げを伸ばすためには客引きを控えた方が良い，ということになりそうだ。

「立地が良いか客引きがあるか，どちらか片方のときだけ，売り上げが伸びるグラフになっています」

グラフを読む限り，そのように解釈することができそうだ。

「そうだね。まるで，片方の要因の存在がもう片方の効果を打ち消してしまうような状態になっている」

「これが交互作用というものなのですね」

私がこう言うと，先生は次のように言った。

「交互作用効果の例の1つ，だね」

ということは，ほかにもあるのだろうか……と考えていると，先生は次のグラフを描き始めた。

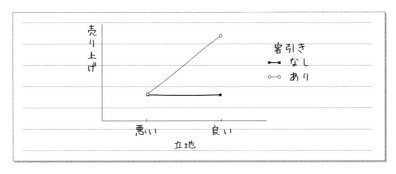

今度は，右向きのワニが口を大きく開いたようなグラフになっている。

「これはどういう意味になるかわかるかな」

先生が言った。

私は，メモ帳を覗き込む。立地が悪い場合は，客引きをしてもしなくても売り上げは伸びない。立地が良い場合でも客引きをしないと売り上げは伸び

ず,両方揃ってはじめて売り上げが伸びる,という結果になっている。
「立地と客引き,両方があってやっと売り上げが伸びるように見えます」
「要因が組み合わさったときにはじめて効果が生じる,というケースも交互作用なんだ」

さっきのバツ印のようなグラフだけが交互作用ではないのか。組み合わせの効果……なるほど,さっきのバツ印のグラフも,要因が組み合わさったときに生じる効果なのは間違いないな。
「ところでこのグラフだと,それぞれの要因の主効果はあると思うかな」
「主効果,ですか」

交互作用ばかり気にしていて,主効果のことを考えていなかった。
「どの部分が主効果になるのでしょうか……」
「そうだね。主効果は,片方の要因を無視した場合の効果なんだ。立地が悪い場合は,客引きがあってもなくてもほとんど同じ売り上げになるね。客引きの効果を無視した立地が悪い場合の売り上げはここ」

先生はそう言うと,立地が悪い場合のグラフの点を指さした。
「客引きの効果を無視した立地が良い場合の売り上げは,右側の客引きありとなしの中間になる」

先生は,立地が良い場合の客引きありとなしの中間に印をつけた。

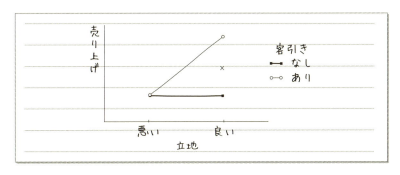

「この左側と,印をつけた右側の差が,立地の主効果になる」
客引きを無視するので,立地が良い場合の売り上げの平均は,客引きがあ

11月 くみあわせ

る場合とない場合の中間になるのか。なるほど。
「じゃあ，立地を無視した場合の客引きの主効果は」
　私はそう言うと，2本の線の中央付近に印をつけた。客引きがない場合の水平な線の真ん中と，客引きがある場合の右上がりの線の中央付近。

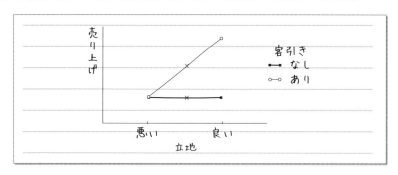

「この2点の差になるのでしょうか」
「その通り」
　先生はそう言った。
「これらの主効果が見られるのかどうかは，グラフの形にかかってくるね。大きく差が開くグラフであれば，主効果も交互作用効果も統計的に意味があると判断されるし，あまり差が開かなければ主効果はないと判断される場合もあるだろうね」
　グラフの形次第，なんだな。じゃあ，さっきのバツ印のグラフの場合は？
「先生，さっきのバツの形になったグラフの場合の主効果はどうなりますか」
　私が尋ねると，先生は私の顔を見て尋ね返してきた。
「どうなると思う？」
　私は最初に描かれた交互作用のグラフをもう一度見た。
　立地が悪い場合は，左側の上下の2点の中間の売り上げ，立地が良い場合には，右側の上下の2点の中間。この2つを比べると……差はなさそうだ。
　客引きがない場合は，右上がりの線の中央付近の売り上げになり，客引き

がある場合には，右下がりの線の中央付近の売り上げになる……これも差はなさそう。

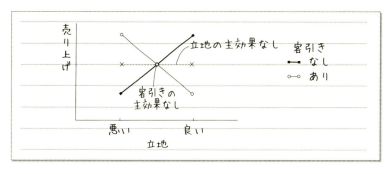

「先生，どちらの要因の主効果も見られなさそうです」
すると先生はこちらを向き，「そうだね」と言った。

まだ先生は，グラフを描く。
今度は，左向きに下あごが開いて口を開けたグラフの形だ。私はこれまでと同じように，グラフを解読しようと顔を近づけた。

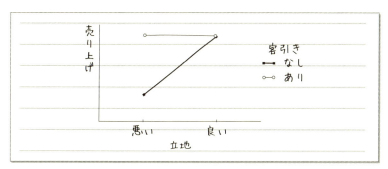

客引きがある場合には，立地が良くても悪くても，売り上げは良い。だけど客引きがない場合には，立地が悪いと売り上げは下がり，立地が良いと売り上げは良い。そういうグラフのようだ。
「立地が悪くて客引きをしていないときだけ，売り上げが下がるというグ

ラフになっています」
「うん。この場合には，立地さえよければ，売り上げに問題はなさそうだね」
たしかに，そうとも言える。
「これも交互作用効果なのですね」
「組み合わせの効果だからね。さっきのグラフを上下逆にしたようなものだ。ある組み合わせのときだけ，マイナスの効果が現れてしまう」
そして，主効果の考え方も同じか。
「主効果も」
私が言うと，先生はすぐに答える。
「そう。さっきと同じ」
やっぱり。先生は続ける。
「ここまではっきりと交互作用効果だとわかるグラフだといいんだけどね。たいていの結果はこれよりも曖昧だ」
そう言うと，先生はさらにもう1つグラフを描いた。
今度のグラフは，2本の線が両方とも右上に伸びているが，その傾きが違っているように見える。

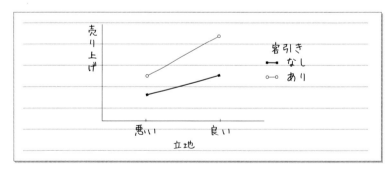

立地と客引き，両方の主効果があるグラフに，交互作用が加味されているようなグラフだな，と思った。立地と客引きの両方の要因がないよりは，どちらかがあった方が良い。そして，立地が良くて客引きがある場合に，売り

上げはより伸びる。だから，交互作用効果はあるように見える。
「交互作用は見られるのですね。でも，どちらの主効果もあるようにも見えます」
先生はうなずいた。
「主効果も交互作用も見られるだろうね。もちろん，これも実際に分析してみないとわからないことだけれど」
だんだんと，主効果と交互作用のグラフの形がわかってきたみたいだ。

2次の交互作用

窓の外を見ると，すっかり日が落ちてしまったようだ。暗い。秋の夕日はあっという間に地平線の下に隠れてしまう。
「さっき，2次の交互作用というのがあると言ったよね」
先生はそう言った。たしかに，さっき聞いた。結果に影響を及ぼす要因が3つあり，3つの組み合わせの効果が生じるときに2次の交互作用という。
「はい」
「2次の交互作用は，この交互作用が出たり出なかったり，あるいはある条件ではこっちの交互作用，別の条件ではまた別の交互作用が出るような組み合わせの場合に生じるんだな」
条件によって，交互作用の出方が違ってくる……例えば……。
「例えば，お店でつくるお好み焼きがまずい場合と美味しい場合があるとする」
先生は，例を出してくれた。
「味がまずい場合には，立地が良くて客引きがある，両者が揃ってはじめて売り上げが伸びる交互作用効果が見られる，このグラフになる」
先生は，さっきのグラフを指さし，左上に「まずい場合」と書いた。

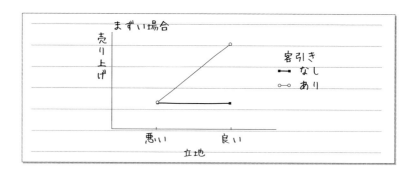

「美味しい場合には，立地が悪くて客引きがないときだけ売り上げが下がってしまう，この交互作用効果のグラフになる」

先生はもう1つの交互作用のグラフを指さし，左上に「美味しい場合」と書いた。

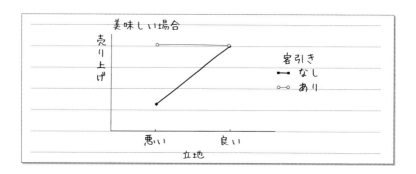

ああ，なるほど。これは何となく納得できる。

お好み焼きの味がまずければ，立地がよくて一所懸命に客引きしたときだけは売り上げが伸びるが，どちらかが欠ければ，売り上げは下がってしまう。

だけど，お好み焼きが美味しければ，立地が良かったり客引きをしたり，どちらかがあるだけで売り上げは伸びる。売り上げが下がってしまうのは，両方が欠ける場合だけだ。

「先生，納得できました」

先生は私の言葉を聞いて，少しホッとした顔をした。
「実際にどうなるかは，グラフの形だけで判断するのではなく，得られたデータを分析した結果を見てみないとわからない。サンプルの大きさはどれくらいで，誤差がどれくらいあるのか，得られた結果が統計的に有意なのかどうかもね。それから，統計的に有意でも，どの程度の大きさの効果が生じているか，得られた結果をどう評価するかということも大切なことだ」
　やっぱり，なかなか難しそう……。
「もう1杯，コーヒーを入れてくれるかな」
　先生が差し出したマグカップに，コーヒーメーカーからコーヒーを注ぐ。
　そして，こう言った。
「最初に「原因を考えて」と言ったとき，ここまでのことを考えていたかな」
　ああ，そうだ。最初は，こんなことを絶対に考えていなかった。単純に，これとこれが原因になるだろう，とだけ。本当に単純に。交互作用なんていうことも，まったく。
「いいえ，全然考えていませんでした」
　私は言った。
「こういう可能性を考えることができるようになることは，大事なことだね」
　先生はそう言って，マグカップを口に運んだ。

後　　日

　2日後，学祭が終わった。あおいのお店は最終日まで大繁盛で，最も売り上げを伸ばした店に与えられる賞をもらったそうだ。
「あおい，お疲れさま」
　翌週，キャンパスを歩いているときにあおいを見かけたので，駆け寄って

声をかけた。
「ミライ。どうだった，私のセーラー服姿もまだまだいけたでしょ」
「うん。いけるいける」
　あおいは，お店の様子を話してくれた。どんなお客さんが来ていたのか。どれだけ大変だったか。困ったお客さんの話。材料が足りなくなって急いで調達した話。売り上げが多くて，半分は寄付したという話。寄付しても，相当の利益が上がってみんなで山分けした，という話。
「でさ，浜松がさ」
　浜松君というのは，お好み焼き屋の息子で，あおいたちのお店で調理担当をしていた彼だ。
「オレの腕がいいからこんなに儲かったんだ，と言うわけよ。たしかに浜松の料理の腕はすごいけどさ。でも私たちもいっぱいお客さんを連れてきたんだよ」
　どうも，あまりに売り上げが良くて，浜松君は自分の分け前に納得がいかなくなってしまったらしい。
「あいつだって，もちろん私たちが一所懸命働いたのは知っているけどさ，もうちょっと分け前を増やしてくれてもいいじゃん，って言うんだ。あんなに行列ができたのは，お好み焼きがうまかったからだ，って」
　まだこの問題は，解決していないようだ。
　でも，解決してもらわないと困る。だって，来年もこのお店を開いてもらわないと。来年もきっと，このお店を目当てに学祭に来る人がいるはずだから。
「あのさ，あおい。ちょっと長くなるけど話を聞いてくれるかな」
　私は，学祭期間中に江熊先生から聞いた，主効果と交互作用の話，そして原因を考えるときの複雑さについて，あおいに話し始めていた。
　どうか，うまく浜松君を説得できますように。

12月 あつまり

原因同士の関連

　教室がざわついている。久しぶりに，教室に学科の同学年が揃った。2年生になり，学科の同学年全員で授業を受ける機会が減っているので，こういう光景はちょっと新鮮な感じがする。
　今日は，ゼミ配属の説明会がある。だから，私たち2年生のうち，ゼミ配属を希望する学生は全員，この部屋に集まっているはず。私の左隣にはあおい，その向こうには倉田君。私にとってはいつものメンバー。
「はい，静かにしてください」
　教壇には，助教の入江文人(いりえふみひと)先生が立っている。心理学科の中で一番若い先生だ。「助教」というのは，准教授よりも下の職階になるのだと，ネットで調べたことがある。
　入江先生が今日の司会をするようだ。
「これから，ゼミ配属説明会を行います。手元に資料はありますか」
　教室の入り口でもらった冊子に目をやる。中を開けると，ゼミ配属の手続きの説明と，各教員によって書かれたそれぞれのゼミの説明が載っている。
「この資料の順番に，それぞれの先生からゼミを説明してもらいますので，資料を参照しながら聞いてくださいね。説明の最後に，手続きの説明をしますので最後までよく聞いていてください。では最初のゼミの説明です」
　入江先生の言葉を聞き，ガサガサっと紙をめくる音が教室に響く。最初は……入江先生だ。
「あ，そうそう。年齢順に説明していきますので。最初は一番下っぱの僕

からです」

　ゼミの説明が始まった。入江先生は文化心理学を専門にしている。まだ30歳くらいだが，ドイツに留学していたそうだ。

　ゼミというのは，それぞれの先生のもとに3年次から学生が集まって，卒業研究まで指導を受けていくというシステムだ。この大学ではゼミと言っているが，セミナーとかゼミナール，というのが本来らしい。これもあとから調べて知ったことだけれど。

　心理学科の先生は，入江先生も含めて9人。入江先生の次は，日浅薫子(ひあさかおるこ)先生のゼミ紹介が始まった。日浅先生，2番目なんだ。ということは，この先生たちの中では若い方だ。

　日浅先生は，心理統計学や行動計量学が専門の准教授。日浅先生の心理統計学の授業は，本当に難しくてテストも厳しい。でも，先生の授業を受けて心理統計学に目覚める学生もいたりするから面白い。ただし，そういう学生は少数派で，ゼミはあまり人気がない。

　日浅先生の次は，別府先生。別府吾郎(べっぷごろう)先生は，臨床心理学，特に認知行動療法が専門の准教授だ。とてもやさしそうで，臨床系ということもあってゼミも人気らしい。

　別府先生の次が，江熊先生。社会心理学が専門の准教授。以前，私は江熊先生がせいぜい30歳くらいじゃないかと思っていたのだけれど，別府先生の次ということは，40歳前後かな。よく会っているのだけれど，本当に年齢不詳だ。若く見える。先輩からのウワサによると，江熊ゼミも相当人気があるということだ。

　次は日根先生だ。日根歩(ひねあゆむ)先生は，幼児期の発達心理学を専門としている教授。子どもたちの遊びと対人関係の研究で有名なのだそうだ。ゼミに入ると，演習と研究を兼ねて，幼稚園や保育園に調査に行くことになる。そういう活動もなかなか楽しそうだけれど，私に向いているかなあ。

　日根先生に替わって教壇に上がったのは，羽畑紫門(はばたしもん)先生。羽畑先生は，認知心理学を専門にしている教授だ。人間の記憶のメカニズムについて研究し

ているそうだ。羽畑先生のゼミでは，英語の論文をどんどん読まされることで知られている。大学卒業後に，大学院に進学する先輩も多いそうだ。厳しそうだけれど，やりがいはあるかな……。

　次は肥後先生か。肥後月代先生は，教育心理学を専門とする教授。いつも凛としていて，かっこいい。同じ女性として，ちょっと憧れてしまう。授業は厳しいけれど，とてもわかりやすい。肥後先生は若い頃，小学校の教師をしていた経験もあるそうだ。研究も，小学校の児童と教師との関係を専門としているそうだ。

　肥後先生の次も女性で，保内カレン先生。肥後先生とだいたい同じくらいの年に見えるけれど，保内先生の方が年上なんだな。保内先生の専門は，臨床心理学。保内先生も厳しい先生なのだが，精神分析学にもくわしいので，こういう方面に関心がある学生は，保内先生のゼミに入りたいと希望することが多い。

　最後は，原須好成先生。原須先生が，心理学科の中では一番年上なんだ。原須先生の専門は，学習心理学。ラットやハトなど，動物を使って実験をし

ている。原須先生のゼミに入ると，この建物の隣にある動物実験棟で，実験に使用する動物の世話をすることになる，と先輩から聞いている。動物も嫌いじゃないんだけどな……原須先生はとっても厳しいので，ゼミも人気はないらしい。

　ゼミの説明がひと通り終わった。

　この冊子の最後のページに印刷されている希望調査用紙に，自分が希望するゼミの先生名とその理由を書いて，1週間以内に事務室に提出しなければいけない。

　私はやっぱり，江熊先生かなあ。でも，先生方の説明を聞いていると，ほかのゼミも面白そうに思えてくる……。

ゼミの配属方法

　翌日，いつもの3人で，カフェテリアで昼食。
「ミライは，どのゼミにするか決めた？」
　あおいが尋ねる。
「私は，やっぱり江熊先生かな。でも，日根先生のゼミにも興味がある。うーん，どっちも人気がありそうだからなあ」
「ミライは成績いいから大丈夫だよ」
　ゼミの配属のとき，定員がオーバーすると，成績と志望理由で合格か不合格かが決まる。不合格の場合は，後日第二次選考が行われる。もちろん，人気のあるゼミはすでに定員が残っていないことになる。先生によって，成績と志望理由のどちらに比重を置くかは違うという。ただ，あくまでもウワサだけれど，多くの先生は単純に成績で決めているらしい。

　それぞれのゼミに配属される人数は，10人ずつ。完全に成績で希望のゼミに入れるかどうかが決まったとして，かつ成績上位者が全員1つのゼミに希望を出したとして，成績が上位10位以内であれば，必ず希望のゼミに入

れるということになる。
　もっとも，学生同士の情報によると，成績上位者全員の希望が1つのゼミに集まることはなさそうなので，上位20位以内くらいに入っておけば安心か，といったところ。もっとも成績の順位なんてわからないし，誰がどれくらいの成績なのかも公表されているわけではないので本当にどうなるのかはわからない。
「あおいはどうするの？　決めたの？」
　あおいは，どのゼミを希望するつもりなんだろう。
「入江先生にしようかな，と思ってさ」
　あおいは答えた。文化心理学のゼミだ。
「留学生の友達も何人かいるんだけど，話を聞いていると面白いなって思うこともあって。入江先生のゼミに入れば，留学生の研究もできるかなって」
　留学生にも友達がいるなんて，友人の多いあおいらしい。
「倉田君はどうするの？」
　私は，あおいの右隣に座っている倉田君に聞いた。
「オレは，やっぱり別府先生のゼミに入りたいんだよね」
　以前もそう言っていた。
「そう言ってたね」
　私が言うと，倉田君は続けた。
「やっぱり，認知行動療法を勉強したいからね」
「あおいと倉田君，違うゼミを希望しているんだね」
　私がそう言うと，2人は互いに目を合わせた。
「うん，まあ，つき合っているから一緒のゼミってことじゃなくて，自分がやりたいことができるゼミに入るのが一番じゃない？」
　あおいが言うと，倉田君もうなずく。
　まったく，あおいの言う通りだ。
「でもさ，臨床系のゼミは人気が高いよ」

あおいが続けて言う。彼女の言う通り。臨床心理学のゼミは，毎年希望者が多い。

そもそも，心理学科入学の時点で，半数近くは臨床心理学を勉強したいと思っているそうだ。いろいろな授業を見ているうちに，だんだんと他の領域に興味が移っていく学生も多い。

「倉田君，卒業後の進路のことも考えているの？」

私が尋ねると，倉田君は教えてくれた。

「進学したいんだ。進学して，資格をとりたい。カウンセラーになりたくて」

倉田君，そういう希望をもっていたとは知らなかった。

「倉田がカウンセリングするなんて，不安だな」

あおいが言う。

「おまえにはしてやらないよ」

「いいよ。こっちから願い下げ」

2人が話す様子を，笑いながら見ていた。

みんな，希望するゼミに入れますように。

「普通」とは

「ミライはさ，自分のこと，「普通」だって思う？」

食事が終わったあと，あおいが尋ねてきた。私はいたって普通の人間だと思う。

「うん。普通だって，思っているよ」

「でもさ，背はちょっと高いじゃん。成績もいい方だし，顔だって」

「あおい，何が言いたいの？ 何かあったの？」

私はあおいに聞いた。

「昨日，友達と話をしていてさ」

「うん」
「彼女は何年も彼氏がいなくて。なんで自分は男性と縁がないんだろうって言っているわけ」
　恋愛したい，という話か。
「ぜんぜん高望みしていないし，ごく普通の男でいいって言うんだ」
　普通かあ。普通って何だろうな，と思った。
「普通ねえ」
「そう。身長も体重も，頭の良さも収入も性格も，普通でいいって言うんだ」
「普通でいいから，彼氏が欲しいってわけだね」
　話を聞いていた倉田君が言う。
「だからさ，こう言ってやったわけ」
　あおいは彼女に，「普通」がだいたい半分くらいの人間がもつ特徴だとすると，身長と体重と頭の良さと収入と性格の条件がすべて「普通」の男って，$\frac{1}{2} \times \frac{1}{2} \times \frac{1}{2} \times \frac{1}{2} \times \frac{1}{2}$ で，32 人に 1 人しかいないよ，と言ったそうだ。あおい，頭がいい。私なら普通の条件という話から，そういうことは思いつかない。
「へえ，賢いな」
　倉田君があおいの話を聞いてつぶやいた。
「えへへ。そうでしょう。普通すぎる男は普通じゃないんだって。普通がいいって，結局はそれも条件じゃん。そんな条件をつけるよりも，とりあえずつき合ってみればいいんだって」
　行動派のあおいらしい言い方だな。
「ん？なんか，オレはとりあえずつき合う相手になっているような気がするぞ」
　倉田君があおいに言う。
「あれ，そういうつもりじゃなかった？」
　あおいも笑いながら応酬する。
　また始まった。私は再び笑いながら，2 人のやりとりを眺めていた。

授業アンケート

　あおいと倉田君は，午後の授業に出ていった。
　私は今日の午後，授業をとっていなくて空き時間だ。カフェテリア横の購買部で温かい缶の紅茶を買い，1人テーブルに残って本を読むことにした。
　人がまばらになったカフェテリアは，一気に室温が下がったような気がする。でも，読書にはこの方がいい。少し寒くなり，上着をはおる。
　しばらく読書に没頭していると，近くに人の気配がした。
「庭瀬さん」
　聞き覚えのある声がしたので顔を上げると，江熊先生だった。学生がいなくなった時間帯をねらって，ランチに来たのだろう。食事を載せたお盆を手にして立っている。
「先生」
「この席，空いているかな」
「もちろんです」
　先生は，向かいの席に座った。
「読書中，悪いね」
　読んでいた本をかばんにしまう素振りをしていた私の様子を見て，先生は言った。
「いえ。先生と話をさせていただく方が本よりも面白いですから」
　そう先生に言ってから，何か恥ずかしいことを言っていないだろうか，と自分の言ったことを頭の中で繰り返した。
「そうか。今日は，何の話をしたら面白いかな」
　先生はそう言うと，皿の上にある白身魚のフライを箸でつまみ上げてひと口かじった。
「先生はゼミ生を選ぶとき，成績と志望理由のどちらを重視するのですか」
　私は，気になっていたことを素直に先生に言った。

「どちらを重視するかは,それぞれの先生によって違うね。正直に言うと,どちらをどの程度重視するかについては,教員個人に任されていて,お互いにどうすべきか,話し合った記憶もない」

「そうなのですか。では先生は,どう考えますか」

先生は黙って私から視線を逸らし,昼食を食べ始めた。1,2分経っただろうか。

「授業アンケートって,あるだろう」

いきなり話が変わった。

授業アンケートというのは,学期の最後の方に行われる,授業に関する質問が並んだアンケートのことだ。

それぞれの授業について10個くらいの質問項目には選択肢で回答し,自由記述の回答欄も用意されている。正直,学生にはあまり評判は良くない。だって,受講している授業が多くなれば,それだけ答えなければならない質問項目も多くなってしまうし,何度も同じ質問に答えるのもうんざりするからだ。それに,答えたからといって,その授業が良くなるかどうかは先生次第。しかも,自分はもう受講していて単位がもらえれば来年はその授業をとらないわけだから,アンケートに答えたことに対する直接的な恩恵は,自分には返ってこない。

「授業アンケートに使われている質問項目,どんなのがあったか覚えているかな」

先生は私に尋ねた。あまりよく覚えていないのだけれど,きっとこういう質問項目だったな,と思う内容を言ってみた。

「あまりちゃんと覚えていないのですけれど……「授業に興味をもちましたか」「熱意をもって教えていましたか」「話し方は聞き取りやすかったですか」「その授業を高く評価できますか」とか……でしょうか」

「よく覚えているじゃないか。だいたいそんな質問項目だよね」

先生は食事の途中のトレーをテーブルの横にすべらせ,自分の前にスペースをつくった。そして,上着のポケットからメモ帳とペンを取り出す。

「授業アンケートに使われる質問項目を見ていていつも思うんだ。こんなに項目が必要だろうか，ってね」

先生はそう言うと，メモ帳に質問項目を書き出した。

> ・全体として，この授業を高く評価しますか
> ・あなたは，この授業にどれくらい満足しましたか
> ・教員は熱意をもって授業をしていましたか
> ・授業の内容をどれくらい理解できましたか
> ・後輩に勧めたい授業でしたか

「ほかにも項目はあって，この大学の場合には12項目だったかな。こんな質問項目が並ぶわけだよ」

そういえば，見覚えのある質問項目がある。

「先生は，こんなに質問項目はいらない，とお考えなのですか」

私が尋ねると，先生はうなずいて答えた。

「だってさ，結局は学生が「面白い」とか「役に立った」と思った授業であれば，全体として得点は高くなって，「つまらない」とか「意味不明」と思った授業であれば全体が低くなる。それだけのことじゃないか」

私は，これまでの授業アンケートで自分が丸をつけた様子を思い起こしてみた。たしかに，先生が言うような傾向は，ある。面白いと思った授業，例えば江熊先生の授業では全体としてほとんどの項目に高い得点をつけていたけれど，興味をもつことがどうしてもできなかった教養の科目については，多くの項目に低い得点をつけていた。

「授業アンケートのデータを直接自分で分析したことはないんだけどね。「全体として，この授業を高く評価しますか」という質問項目と，「あなたは，この授業にどれくらい満足しましたか」という質問項目の相関はけっこう高いんじゃないかなあ」

もしも相関係数がとても高く，1.0になるようなことがあると，片方の値

がわかれば，もう片方の値が確定するような関係にあることになる。たしか，そういうことだったはず。つまり，この2つの項目は，どちらかだけあれば十分だ，ということを先生は言いたのだろう。
「片方の質問項目だけでいい，ということですね」
「そう。だって，学生はいくつも授業をとっていて，何度も何度も同じような質問に回答させられるんだろう。だったら，できるだけ労力が少ない方がいい。その方がきっと，回答のモチベーションも維持されるだろうからね」
他の項目はどうなのだろうか。
「他の項目同士もきっと，互いにけっこう高い正の相関関係があるんじゃないかな，きっと。項目の内容を見ると，そう予想できる」
先生が熱意をもって授業をしていたり，授業の内容を理解できたりしていれば，後輩に勧めたいと思うし，満足するし，高く評価もする……まあ，そうだろうな，と思う。
「でも先生，じゃあ，例えば「この授業を高く評価しますか」という1項目だけでいいということですか」
それではちょっと，アンケートとして不十分なような気がする。
すると先生は，こう言った。
「そうだね。それは目的によるね」

構造を考える

先生は，トレーに載っているお茶をひと口飲んで，再び話し始めた。
「中学時代の試験の成績を思い出してもらうといいんだけど」
「国語，英語，数学，理科，社会の成績，ですか」
「そう。きっとその5科目の成績は，互いに正の相関関係にあるよね」
うん。きっとそうだ。全体的に成績が良い人と，全体的に成績が悪い人が

いる。

「でも，例えば国語と数学の成績の相関係数を計算してみれば，その相関係数は正の値ではあっても，そんなに高い値ではないかもしれないね」

文系と理系，という分け方があるくらいだから，両方得意な人，両方苦手な人はいたとしても，片方だけ得意，という人もけっこういそうな気がする。

「これらの5科目のどれか1つだけの得点がわかれば，他の4科目の得点がわかってしまう，なんていうことは，ちょっと考えにくいよね。例えば，これから期末テストは数学1科目だけにします。その数学の試験で，他の科目の成績も決めます，と言われたら違和感があるだろう」

それは違和感ありまくりだ。

「はい。納得できないです」

「そうだよね。それは，数学の試験の得点が良くても悪くても，他の科目の得点が確定するとはいえないからだ」

そう。だから，納得できない。ちゃんと5科目の試験をやってほしい。

先生はもうひと口，お茶を飲んで続けた。

「ここには，得点を合計するかどうか，という問題もあるんだな」

「得点を合計するかどうか，ですか」

「うん。中学校の5科目の試験の得点は，合計点を出すだろう」

その通り。それで学年の順位が出る。

「はい。合計点が何点になるか，ということは，中学時代にとても気になっていました」

「合計するには，互いに正の相関関係であってほしい」

「どういうことでしょうか」

「互いに正の相関関係にあるということは，何か共通する要素が存在する可能性があるからだよ。例えば，「学力」のようなね」

正の相関関係があるところに，そういう意味がある，と考えるのだろうか。

「数学と理科の得点を合計すれば「理系の学力」，国語と社会と英語の得点を合計すれば「文系の学力」。5科目の得点を合計すれば「総合的な学力」

なんていうふうにね」
　私は，こんな配置をイメージした。

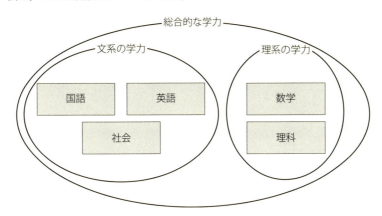

「たしかに，そういうふうに合計すれば，文系と理系と全体の学力，と言って違和感はありません」
「数学と理科で理系の学力と言えるのであれば，数学の得点が高い人は理科の得点も高い傾向になって，数学の得点が低い人は理科の得点も低い傾向になるはずなんだ。理系の学力が高ければ，両方の得点が高くなって，理系の学力が低ければ，両方の得点が低くなるわけだからね」
　ああなるほど。だんだんわかってきたような気がする。
「文系の学力も同じなのですね」
「そう。文系の学力も同じ。総合的な学力も同じ。もちろん，この関係は絶対的なものじゃない。中には，数学が得意で理科は苦手，という生徒もいるだろうからね。だけど，全体的に正の相関が見られるはずだよ」
　正の相関関係はあるけれど，相関が1.0になるわけではない。この"程度の問題"は，ちょっと納得するのが難しそうだ。
「相関が高すぎると「同じじゃないか」となって，低すぎると「全然関係がないから合計しちゃダメだ」となる」
「全然関係がない得点を合計してはいけないのですか」

私は聞いてみた。
「音楽のジャズが好きかどうかと，りんごが好きかどうかという質問項目の得点を合計したら，何になる？」
聞き返されてしまった。さっぱりわからない。
「わかりません」
「そりゃ，そうだろう。互いに関係がない質問項目への得点を合計するというのは，こういうことだ。合計されたものが何を意味するのか，さっぱりわからない」
なるほど。たしかに。
「みかんが好きかどうかと，りんごが好きかどうかという質問項目への回答の得点を合計すれば，「果物好き」という意味が得られるかもしれない」
そういうことか。
「もっとも，「何でも好き」「何でも嫌い」という，物事一般を好みやすい性格のようなものを想定できる可能性はある。そういう目的のためには，あらゆるものに対してどの程度好きかを尋ねることに意味があるだろうね」
これも，目的次第ということか……。

合計すること

先生の斜め横にあるトレーに乗ったランチも，すっかり冷めてしまったようだ。どうぞ食事を続けてください，と言おうと思うのだが，そのタイミングを逃している。
「大学の授業アンケートに関して言えば，互いの項目同士がそんなに高い相関を示すようなものじゃなければ，複数の質問項目を測定することに意味があるんじゃないかな」
「合計するわけではない，ということですね」
「そう。こういうアンケートの得点って，つい合計したくなるものなんだ

が，さっきの物事を好むかどうかの例のように，それは目的によると思うんだ」

どういう目的があるのだろう。

「授業アンケートの大きな目的の1つは，授業の改善だよね。もっとも，そのアンケートの結果を参考にして授業改善するかどうかは，個々の教員に任されている」

「私たちも，授業が良くなればと思って回答しています」

「まじめだね」

先生はほほえんだ。

「もしも，授業を改善することを目的とするアンケートであれば，どれか1項目に答えたら他の答えが決まってしまうような質問が並んでいては，改善のための参考にはなりにくい」

それはそうだ。結局，全体的に良いか悪いか，という意味しかそこにはなくなってしまうのだから。

「だから授業アンケートの場合には，できるだけ互いに重なりの少ない，授業のいろいろな側面が入った質問項目を用意することに価値があると思うんだ」

「そうすれば，授業のここはいいけれどこっちはまだ改善の余地がある，ということがわかるのですね」

「そう。そういうことが期待されるようになるね」

ここで話がひと段落したようなので，私は言った。

「先生，すみません。お食事がすっかり冷めてしまいましたけど……」

多面的評価

先生は冷えてしまった味噌汁をすすり，ごはんをひと口食べて「もういいや」とつぶやいた。私の質問につき合ってもらったから，ごはんが冷めてし

まった。申し訳ないな……。
「ほかにも例えばさ」
私の申し訳ないという気持ちをよそに，先生の話はまだ続くようだ。
「試験と授業態度で，成績をつける授業があるとしようか」
試験と授業態度。まじめに出ていて，試験ができたら，成績が良くなる授業。
「それまでは試験だけで成績をつけていた先生が，成績だけで学生の学びを評価することは良くないと考えたんだな。そこで，授業態度も成績に加味することにした」
「あ，実際の話ではないのですね」
「そうそう。そういう先生がいたとしよう」
架空の先生の話だ。
「試験だけではまずい，と思う理由は，学生を一面的に評価してしまうから，ということなんだろうな。そうではなくて，授業にまじめに出ているけれどあまり試験ができない学生も，認めてあげたいんだ」
「いい先生ですね」
私にはそう思える。
「教育熱心な先生なんだろうね。で，この背景には，試験と授業態度があまり関連しない，両者の得点が高い相関にならないという仮定が前提としてあるんだ」
試験と授業態度が，あまり関連しない……そうか。
「高い関連を示すようであれば，片方を知るだけでもう片方もわかってしまうから，でしょうか」
「そうなんだ。もしも授業態度の良い学生が必ず試験でも良い成績をとるようであれば，試験の情報だけ得れば授業態度の情報は得られるし，授業態度の情報だけ得ていてもいいんだ。そうすれば，試験の情報はだいたいわかってしまうからね」
つまり，試験だけじゃなくて授業態度も成績に加味すべきだと考える先生

は，両者にあまり関連がないということを前提に，このように判断しているということか。

先生は，メモ用紙に図を描いた。

```
                      授業態度
                       良い
           授業態度良い    |  授業態度良い
           試験結果悪い    |  試験結果良い    試験結果
    悪い ─────────────────┼───────────────  良い
           授業態度悪い    |  授業態度悪い
           試験結果悪い    |  試験結果良い
                       悪い
```

「試験結果と授業態度を組み合わせると，この4つのグループができる」

2つの要素の良し悪しを組み合わせて，4グループ。

「そして，互いにあまり高い相関が見られない場合には，この4つのグループの人数が，おおよそ等しくなる」

「授業態度が良くて試験結果も良い人と，授業態度は良いけれど試験結果は良くなかった人が，だいたい同じ人数になるのですね」

先生はうなずく。

「うん。完全に無相関でまったく両者に関連がなければ，等しくなるね」

以前にも，無相関については学んだ。

「じゃあこのとき，授業態度と試験の結果を合計して，1つの成績をつけることができるだろうか」

先生が言った。これは，さっきのジャズが好きかどうかとりんごが好きかどうかの項目の得点を合計することと同じだ。

「意味の関係ないものを合計することになってしまうと思います」

「このまま合計すると，授業に全然出てこなくて試験は満点，という学生が不可になってしまうかもしれない」

「いけないのですか。授業に出ていないのですから，不可になるような気がします」

「いやいや。授業に出ていなくて試験で満点がとれるということは，授業内容は完全にわかっているということなんだ。もちろん，試験をちゃんとつくってあればの話だけどね。そしてそれは，単位を何に対して出すかという問題にも関わってくる。この授業で扱う学問内容が理解できていることに対して単位を認定するのであれば，授業に出なくても試験で満点という学生に対しては，この授業で扱う学問内容を理解できているのだから単位を出せばいい」

でも……他の学生にとっては納得できないだろうな。

「授業に出ていて試験が満点の学生からすれば，何か納得できないですね」

私は言った。私はどちらかというと，授業にはちゃんと出る方だから。

「そういう意見をもつ学生は多いね。でも，学問というのは授業への出席のことではないよ」

それはそうだけれど。

「要はね，授業態度が良いことは「授業態度はいいですね」と評価すればいいのだし，試験が良いことは「良い試験結果でしたよ」と評価すればいいのさ，こういう場合はね。それを1つの成績にしてしまうから，すれ違いが生じる」

それぞれで評価すればよい，ということか。

「もしも，両者にある程度関連があるなら，授業に出ていてかつ試験が良いか，授業に出ていなくてかつ試験が悪いか，という学生が多数になっていくから，両者の評価がアンバランスになる問題が表面化することは少なくなるね」

私たちはそれが当然，と思っているけれど。でも，そうではない授業がある可能性はある。

「納得しました」

「それは良かった」

ゼミの決め方

「さて。それで何だっけ」
えっと,ここで最初の話題に戻る……私も忘れてしまっていた。
「そうそう。ゼミ生をどうやって決めるかだったね」
そうです,先生。それそれ。私が聞きたかったことです。
「はい,その話でした」
「結論から言うとね,成績で判断しても,志望理由で判断しても,どっちでもほとんど一緒なんだよ」
「そうなのですか」
「ここまでの話で,どうしてかはわかっただろう」
ここで私はやっと,どうして先生が長々と話をしてきたかを理解した。そういうことか。
「大きく関連しているのですね」
私は言った。すると先生は,ほほえんでうなずいた。
「成績の良い学生というは授業の内容もよく聞いているものだから,だいたいしっかりした志望理由を書いてくるものでね。だから,志望理由を読んで選んでも,結局は成績順にとってしまうことになる」
それで,どの先生も成績で選んでいる,というウワサが広まっているのか。ということは,このウワサが立つのは先生のせいなのではなく,私たち学生のせいじゃないか。成績が良くない学生がそれを挽回しようと,良いゼミの志望理由を書く努力をもっとすれば,成績以外の基準が増えていくはず。
「4つのグループのうち,片方だけが優れている2つのグループに含まれる学生がもっと増えれば……」
と私は言った。さっき先生が書いた図を,成績の良し悪しとゼミ志望理由の良し悪しに置き換えながら。
「そうすれば,先生によってどっちを重視するか,という選択肢が増えて

12月 あつまり

いくね。この先生はゼミの志望理由を重視とか，この先生は成績を重視とか，この先生は両方とかね」
　そうなれば，ゼミを選択するうえでもバリエーションが増える。成績は悪いけど，志望理由を工夫して人気のゼミに入る，なんていう学生も出てくるかも。あ，でも，結局は学生自身がそうなっていないことが問題なのか……。

　カフェテリアを出て，先生と別れた。
　図書館にでも行こうと，歩いていると，ふと今日の昼にあおいが話していた内容が頭に浮かんだ。
　身長と体重と頭の良さと収入と性格の要素がすべて普通。普通が男性全体の半数だとして，というのは，$\frac{1}{2} \times \frac{1}{2} \times \frac{1}{2} \times \frac{1}{2} \times \frac{1}{2}$で，32分の1の確率か……。
　でもこれが成り立つのって，身長と体重と頭の良さと収入と性格が，互いに無関連なときだけじゃないだろうか。そもそも身長が普通くらいだと，体重も普通くらいであることが多い。頭の良さと収入はわからないけれど，無関連じゃないかもしれない。だとすれば，これらのすべてが普通って，もう少し確率が高くなりそうだな。
　こんどあおいに会ったら，教えてあげよう……いや，こんなこと，どうでもいいか。
　それよりも，希望するゼミを決めなくちゃ。
　やっぱり，江熊先生のゼミを希望することにしよう。
　この日，図書館で，私はゼミ志望理由を一気に書き上げた。

1月　ちょうせい

散布図

初日

　私は，アルバイトに向かうために冷たい風を顔に受けながら自転車をこいでいた。
　着いたのは工学部の研究室。情報工学科の上羽(うえば)教授がアルバイトの事務員を探していて，たまたま求人票を見つけて応募したら採用されたというわけだ。
　仕事内容は，資料の整理と文書の作成だと聞いている。仕事場が研究室ということだし，具体的な仕事内容はくわしく聞いていないのでわからないが，電話で聞いたところによると，そんなに難しい仕事でもないようだ。
　工学部の研究棟にはじめて足を踏み入れた。研究室は5階建ての最上階だ。エレベータに乗り込んで，上昇。扉が開く。エレベータのすぐ前の部屋が，上羽先生の研究室だ。
　研究室の扉をノックする。
　「どうぞ」
　低く乾いた声が聞こえた。
　「おはようございます」
　扉をゆっくり開けて，研究室の中を観察する。ひと部屋ではなく，手前に

広い部屋と，奥にも扉が2つある。広い部屋の奥にさらに2部屋あるようだ。文系の先生の小さな研究室とは違って，広いスペースだ。

手前の部屋には，壁際にずらりと並んだコンピュータが目に入った。中央には来客用だろうか，ソファとローテーブルが置かれている。反対の壁には本棚。横文字で書かれた本が並んでいる。さすがに工学部というところか，男性の部屋という雰囲気だ。普段は女性が多い文系の校舎にいるので，あまりに違う様子に戸惑ってしまう。

コンピュータのモニタの前には，2人の学生が座っている。画面には，何かのプログラム言語だろうか，意味のわからない数字と英単語の羅列が見えた。2人と目が合ったので，会釈をする。さっき「どうぞ」と言ってくれたのは，どちらの学生だろうか。

奥にある右側の扉が開き，あごひげをたくわえた50代くらいの男性が，私を手招きした。そちらに向かって歩く。

「今日からアルバイトに来ました。よろしくお願いします」

私は勢いよく頭を下げた。上羽先生はにこやかな顔のまま，「こちらこそよろしく」と言って，右手を差し出した。力強い握手の感覚。

先生の話によると，改装工事の関係で，研究室を別の建物から引っ越してきたところらしい。その作業で研究を長期間中断するわけにもいかないので，細々とした整理をするために私が臨時で雇われた，ということのようだ。

最初の仕事は，手紙や封筒の整理だった。テーブルの上に山積みになった手紙を，先生の指示に従って分類していく。私的なものと，学会からのもの，大学関係のもの，などに。しばらく作業を続けると，仕分けにも慣れてくる。

「終わったらまた声をかけてくれるかな」

先生はそう言うと，研究室から出ていった。

先生が部屋から出ていくのを見計らったように，近くのモニタの前に座っていた1人の学生が明るく声をかけてきた。

「ねえねえ，アルバイトで来たんだよね」

背が高く，手足の長さが印象的な男性だった。

「はい。今日からお世話になります」
「オレはここの研究室の研究員なんだ。よろしく。ショウイチって呼んでよ」
　ショウイチ……さん。学生じゃなくて研究員という身分なんだ。でもいきなり下の名前で自己紹介をしてくるなんて，ちょっと馴れ馴れしいな。
「ああ。こいつ，アメリカ帰りなんで許してやってよ」
　ショウイチさんの向こう側から声がした。
「僕は岡山。彼と同じ年なんだけど，僕はまだ大学院生。どうぞよろしくね」
「あ，はい。よろしくお願いします」
　どうやらショウイチさんは，アメリカの大学院に行っていて，最近戻ってきたらしい。だからフレンドリーな雰囲気なのかな。
　男性ばかりの研究室だけど，雰囲気は悪くないな，そう思った。

2 日 目

翌日。朝10時に建物の入り口に着くと，岡山さんと会った。
「おはようございます」
声をかけると，一瞬間があって，岡山さんが振り返った。
「ああ，君か。おはよう」
岡山さんは，守衛室の扉を閉めたところだった。
「どうしたんですか？」
私が尋ねると，岡山さんは頭をかきながら答えた。
「昔，学部生の頃，守衛のバイトをしていたことがあってね。よくこの部屋で夜を過ごしたんだ。ちょっと懐かしくなって，トイレのついでに寄ってみた」
この建物では，こういうアルバイトもあるんだ。理系の学部では夜中もずっと実験をしている研究室もあると聞くから，守衛のアルバイトも大変そうだな。
この日は，書棚の整理を頼まれた。研究室の隅に置かれている書棚の中身をいったん取り出し，洋書はアルファベット順，和書はあいうえお順に並べ替えるという仕事だ。引っ越し作業はそうとう慌ただしかったのだろう，本が乱雑に書棚に入れられている。
研究室に着いて作業をし，昼食を挟んで午後。
作業をしていると，ガチャリ，と扉が開いて，はじめて見る1人の男性が入ってきた。メガネをかけ，髪の毛はボサボサ。高くなさそうなコートにジーンズ。背中には黒いリュックサックを背負っている。顔立ちははっきりしているのに，ちょっと身だしなみが残念……そんなことを思ってしまった。
「あれ，ショウイチ先輩，いないの？」
「あ，ショウイチさんなら先ほど先生たちとどこかに出ていかれましたよ」
「そうなんだ。じゃあ少し待たせてもらいます」

私は作業をしながら，その男性をチラチラと観察した。ソファに座り，ローテーブルの上に載っていたコンピュータ雑誌をパラパラとめくっている。この研究室の人じゃないようだけど，学生なのか，院生なのか，あるいはショウイチさんのように研究員か何かなのか……。
　そう思っていると，廊下から話し声がして，再びドアが開いた。ショウイチさんと岡山さんが研究室に入ってくる。
「お，来てたんだ」
　ショウイチさんが男性に声をかける。
「先輩，待ってましたよ。今度の会合，どういうスケジュールにするかを相談したくて」
「じゃあ，奥のテーブルに行くか」
　ショウイチさんと男性は，研究室の奥まったところにある，打ち合わせスペースのテーブルに向かって歩いて行った。
「彼はショウイチと同じサークルのメンバーでね。この大学の……2年生だったっけな」
　岡山さんが説明してくれた。
「ショウイチはアメリカに行くときに一度退部していたんだけど，帰ってきて正式じゃない顧問のような世話役をしているから，ああやって相談に来ているんだよ」
「何のサークルなのですか」
「さあ。僕もよく知らないんだけど，ゲームだったか，パズルだったか。そんなことをしているらしいよ」
　とにかく，何だか，難しそうなことを楽しんでいるサークルなんだ，という印象だった。

1月　ちょうせい

3 日目

アルバイトも3日目。

自転車で工学部の建物に近づくと，何か様子がおかしい。

パトカーが2台，駐車場に停まっている。学生が5，6名，建物の入り口の近くで集まって，何か話をしている。何かあったのかな。

建物は入構禁止になっているわけでもなく入ることができたけれど，エレベータの扉には「使用禁止」の文字が。仕方がないので階段で5階まで上ることにした。

やっとの思いで5階までたどり着く。

研究室のドアをノックする。

返事がない。

もう一度ノックするが，やはり返事がない。

ドアノブをまわすと，まわった。ガチャリと扉が開く音。

「おはようございます」

そーっと扉を開きながら，顔を扉の中に入れた。

昨日と同じ研究室だ。だけど，何か雰囲気が違う。

ソファの上に目をやると，ショウイチさんが座っていた。隣には，昨日も来ていたショウイチさんと同じサークルの後輩の姿も。

「やあ」

右手を上げて，こちらを見る。表情が暗い。

「おはようございます」

私は挨拶し，続けた。

「何かあったのですか」

ショウイチさんは，隣の学生と目を合わせたあと，ややうつろな目でこちらを見た。

そして，ゆっくりとうなずいた。

今朝のことだった。
　大学の近所に住む男性が，犬の散歩をしていてこの建物の横を通り過ぎようとしたとき，視界の片隅に，人間の足らしきものが飛び込んできたそうだ。
　その後，静かな大学構内は，この建物周辺だけ大騒ぎになったらしい。
　ショウイチさんは，その騒ぎの中，大学にやってきた。そして，倒れていたのが岡山さんだということを知った。
「え，そこで倒れていたのは，岡山さんだったのですか」
「そう」
　ショウイチさんは赤く充血した目をこちらに向けた。
　岡山さんはすぐに救急車で病院に運ばれたが，まだ意識が戻っておらず，予断を許さない状況が続いているのだという。
「何があったのですか」
「この建物の屋上から飛び降りたらしいんだ」
　私たちがいまいる研究室を出て右に折れた廊下の突き当たりに，非常階段がある。その階段を上ると，屋上への非常口がある。ただし普段，その非常口の扉はカギがかけられていて，扉を開けることができない。
　しかし岡山さんは昨晩遅く，どうやったかわからないがカギを開け，その扉を開けて屋上に上り，そこから飛び降りたらしい。扉には岡山さんの指紋が残っており，屋上にも上がった形跡がある。遺書は見つかっていないが，屋上には争った形跡も残っていない。警察は，いまのところ事件と事故の両面を視野に入れて捜査しているが，衝動的に自殺を試みたという線が濃厚だろうと考えている，ということだった。警察が朝からひと通りの捜査を終えたあとだったので，私は呼び止められることもなく研究室に入ることができたということらしい。
「でも，岡山さんが自殺するとは考えられません」
　私が言うと，ショウイチさんはうなずいた。
「僕もそう思わない。でも，警察はそう考えてはいないようだ。彼は僕と

同い年だが，僕は研究員で，彼はまだ博士課程の学生。僕は海外で学位をとってきたが，彼はまだ学位をとることができていない。それを取り戻そうと，連日夜中まで研究していた。その負い目とストレスと過労が，自殺の引き金になったのだろうと，考えているらしい」
　でも，やっぱり，岡山さんが自殺しようとした，なんて信じられない。

　私たち3人は，研究室のソファに座っていた。3人がけのソファが2つ，90度の角度に置かれていて，私が一番ドア側，私の左側にショウイチさんの後輩，その左に90度の角度でショウイチさんが座る。
「昨日はどんなことがあったのか，できるだけくわしく教えてもらえませんか」
　ショウイチさんの後輩が言った。
「朝から？」とショウイチさんが尋ねると，彼は「そうです」とうなずいた。
　ショウイチさんは肘を膝の上に載せ，組み合わせた両手の指の上にあごを載せた姿勢をとっていた。
「昨日オレが研究室に来たのは，午前9時半だな。岡山が来たのは，10時前くらいだったかな」
　私がこの建物を訪れたのは午前10時だった。岡山さんは，私と会う前に，研究室に寄っていたのか。
「私，朝10時に来たのですが，建物の入り口のところで岡山さんに会いました」
　2人が私の方を見る。
「何か言っていたかい」
　ショウイチさんが私の目を見る。
「守衛室が懐かしくて寄った，と言っていましたけど」
　あっ，と思った。私以外の2人も，同時に。
「そこで，屋上へ行く扉のカギを手に入れたのか……」

ショウイチさんが，つぶやいた。
「そのあと午前中は，ずっとパソコンに向かっていたな。オレも岡山も」
　私はその奥で作業をしていたので，覚えている。2人とも，お茶を汲みに立ち上がる以外はずっとパソコンの画面を見ていた。
「昼飯は，それぞれだったな。オレはコンビニで買った弁当をここで食べた」
　ショウイチさんはそう言って，自分が座っているソファを指さした。
「岡山は，先生と学食に行ったようだった」
　私は，家から持ってきたお手製の弁当を食べた。アルバイト中だし，節約も兼ねて。
「岡山と先生が昼食から帰ってきたのが，午後1時過ぎ。それからオレも加わって，研究の打ち合わせを隣の部屋でしたな」
「僕が来たのは1時半でした」
　ショウイチさんの後輩が言う。それくらいだっただろうか。
「それで，打ち合わせが終わったのが，だいたい2時」
「そのあとで，僕は先輩と奥のスペースで打ち合わせをしたのですね」
　そう。そのとき，私は岡山さんと会話を交わしたのだった。
「私，その間に岡山さんと少しだけ話をしましたが，そのあとはずっとパソコンに向かわれていたように思います」
　私は言った。
「サークルの打ち合わせが終わったのが，たぶん3時だったな」
「はい。僕はすぐに研究室を出ました」
「その後も，ずっとパソコンに向かっていたんだがなあ」
　私はひと通り書棚の整理を終え，午後4時に研究室を出た。
「ただあいつ，手元の論文を眺めることも多かったな」

岡山の論文

「論文，ですか」
「ああ。これ」
ショウイチさんはそう言うと，ホチキス留めされた論文のコピーを3つ，手にとった。
「岡山のパソコンのキーボードの上に置いてあったものだ。どれも，岡山が筆頭著者になっている」
「ちょっと見せてもらってもいいですか」
「いいけど，内容はわからないだろう。英語だし」
「まあ，念のためです」
何が念のためなのかよくわからないが，彼は論文を手にとると食い入るように見て，ページをめくっていった。その様子を，私は眺める。
「どの論文にも，ショウイチさんの名前はないのですね」
「そうだな。オレがアメリカにいたときに，岡山たちが手がけた実験だからな」
「で，どれも岡山さんがファーストオーサーで，上羽先生がラストオーサー」
ファーストオーサーというのは，論文の筆頭著者のことで，ラストオーサーというのは，論文の複数の著者のうち最後に名前が載っている人のことらしい。この研究分野ではたいてい，ラストオーサーには研究グループの中で一番立場が上の人の名前が書かれるということを，あとから聞いた。
「岡山が中心でやっているけれど，研究室でやっている研究だからね。研究費をとってくるのも上羽先生の名前で，だ。まあ，研究室メンバーの連名で論文を発表するのは，一種のしきたりみたいなものだ」
私は，理系のそういったルールについてはよくわからないので，「へえ，そういうものなのか」と思った。

「この論文は原稿の状態です。まだパブリッシュされていないのですね」

1本の論文を手にとって言った。それに対しショウイチさんは,「ああ,そうだな」と言い,その論文を受け取る。

専門の研究雑誌に投稿された論文は,まずその雑誌の編集者であるエディターが論文に大きな不備がないかどうか,論文がその雑誌にふさわしいものかどうかをチェックする。そしてチェックを経た論文は,複数の査読者——多くは研究者だが——に送られ,審査が行われる。査読の結果は,「採択」「修正採択」「再審査」「不採択」といった判断が,査読者のコメントとともに返される。「採択」だとそのまま掲載,少し修正が必要だけど掲載は揺るがないという判断の場合には「修正採択」,書き直したものをもう一度審査するという場合には「再審査」,修正しても掲載は不可という場合には「不採択」となる。

「この論文はもう採択されているから,あとひと月ほどで出版される。この論文が出版されば,岡山は博士号に手が届くんだ」

こういった論文を,筆頭著者で3本書くことが,博士号をとるためには必要だというのが,この研究室でのルールになっているようだ。すぐそこまで決まっていたのに,岡山さんは自殺しようとした。どういうこと?

正の関連,負の関連

3人でのソファの会話は,まだ続く。

まだ公表されていない,3本目の論文が話題になっていた。

「この論文には,3つグラフが載っているんですね」

「ああ,正の関連と,無関連,それに負の関連の3つだ。どれも,仮説を実証するグラフになっている」

ショウイチさんが,グラフを指さしながら答える。

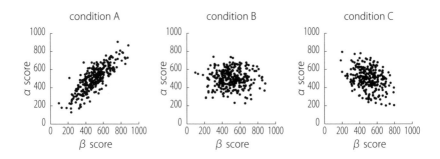

「特に,この条件Cの負の相関は重要だ。これは世界で誰も見出していない,新しい現象になる可能性がある」

2人は,論文を覗き込むように頭を寄せて会話をしている。

「最初の散布図が,条件Aのもとで得られた正の相関の**散布図**で**相関係数**は0.82。次が条件Bのもとで得られた無相関の散布図で相関係数は0.02。3つ目が条件Cのもとで得られた負の相関の散布図で相関係数はマイナス0.33ですね」

「そう。どれも,3種類それぞれの条件下で実験を300回繰り返して得たデータだ」

ショウイチさんはその後,実験のおおまかな内容を説明してくれたが,私には理解できなかった。でもとにかく,条件が3つあり,300回とられた2つの変数間の散布図ということはわかった。

「実験条件が,この2つの変数の**調整変数**になっているわけですね」

「調整変数って,何ですか?」

私は尋ねた。

「調整変数というのは,その変数の値によって,別の変数間の関連の様子が変わってくるような変数のことを言うんですよ」

うーん,言われてもよくわからない。困った顔をしていたからだろうか,続けて説明してくれた。

「この場合だと,どれも変数 α と変数 β の関係を表す散布図になっている

わけですよね」
　散布図の縦軸と横軸は，そうなっている。
　「で，実験条件によって，この両者の関係が変わってくるんです。そうですね。例えば，小学生のときは課題の複雑さと成績が負の関連，中学生では無関連，高校生では正の関連，というときには，学校段階が調整変数です。こういう関係のように，関連を変化させるような変数のことを，調整変数と言うんです」
　だからこの場合には実験条件が調整変数になっている，という言い方をするのか。
　「この論文の場合では，調整変数はカテゴリになっていますね。実験条件ですから。でも，連続的な場合もあります。例えば，条件AからB，Cにかけて気温が下がる条件だとします。この場合には，だんだん気温が下がるほど負の相関が見られるようになっていく，という連続的な変化を表現することも可能ですね。だから，調整変数がカテゴリである必要はないんですよ」
　私はうなずきながら聞くことしかできなかった。
　しかし，彼はよくこういう難しいことを知っているものだな。まだ大学2年生だと言っていなかったっけ。
　話が論文に戻される。
　「この負の相関が，一番重要な発見なのですね」
　「そう。岡山はこの発見で，一躍世界の注目を浴びるかもしれない」
　少し間があった。
　「先輩は，その実験には立ち会っていないのですよね」
　「アメリカにいたからね」
　「ローデータも見ていないということですか」
　その言葉を聞き，ショウイチさんの表情が怪訝なものに変わる。
　「何が言いたいんだ」
　「いえ，この散布図，特に負の相関のものですけれど，きれいすぎるな，と思いまして」

1月　ちょうせい

ショウイチさんが論文を手にとり，食い入るようにグラフを眺め始めた。
「どの得点も，条件は違っても同じような環境下でとられたものなのですよね」
「ああ，そうだ。条件は違うが，他の部分については同じはずだ」
「でも負の相関の散布図は，正の相関や無相関の散布図に比べると，散布図の周辺が妙にきれいに見えるんですよね」
　ショウイチさんはその言葉を，論文を見たまま聞いていた。
「何を測定するかによって，どの程度ばらつきが生じるかは異なると思うのですけどね。例えば人間の心理的な活動が反映した行動なんて，先輩たちの研究に比べればものすごい誤差だらけです」
　ショウイチさんも私も，黙って聞いている。
「でも誤差の中で，何とかして確率的に何かの法則を見出そうとする研究があるのですよね。それは，人間を対象とした研究でも，そうじゃない研究でも同じだと思います」
「だから，何が言いたいんだ」
　ショウイチさんの声が低く響いた。
「チャールズ・バベッジが言う**トリミング**，あるいはもっと悪質なのは**クッキング**」
「トリミングとかクッキングって，何ですか？」
　私が尋ねる。
「トリミングは大きく外れた数値を取り除くこと，クッキングは多くのデータから仮説に合ったデータだけを選択すること」
「データの改ざんということか」
　ショウイチさんの低い声が響く。
「この図だけでは結論は出せません。それに，外れ値を取り除くことは，データの処理上，行われる場合もあります。ただこれは，妙にきれいな散布図だな，と思ったのです」
「その可能性を考えたことはなかった。岡山がまさか……」

「意図的にやったのか，意図せずやったのか……少しデータをトリミングして明確な結論にしたかったのか……岡山さんが率先してやったかどうかも，わかりません。ローデータが手に入れば，この図が正しいかどうか確認できます」

ショウイチさんは顔を上げた。なおも続く。

「岡山さんがもし自分で身を投げたとしたら，もしかしたらこのことが関係しているかもしれません」

ショウイチさんは立ち上がった。

「上羽先生に聞いてくる」

そう言って，研究室から出ていった。

理　　由

岡山さんは，やはり自殺しようと，屋上から身を投げたのだった。

そしてその原因の1つは，やはりあの散布図だった。

上羽先生の指導のもとで，岡山さんはあの散布図のもとになる実験を行っていた。仮説としては，条件Aで正の相関，条件Bで無相関，条件Cで負の相関になるはずなのだが，どうしても条件Cの実験がうまくいかなかった。実験の結果は，相関係数がマイナス0.1を超えない。データが300あっても，統計的に有意な相関にはならなかった。

このままでは，論文も満足いくものにはならない。それに，この理論が正しければ，世界中で認められることになる。大学院生の岡山さんにとってはすごいことだ。

それは岡山さんだけでなく，岡山さんが中心となって進めている研究の研究費を申請している，上羽先生にとっても同じだった。

そこで上羽先生は，まず岡山さんに，もう一度実験をするように指示した。岡山さんは実験が失敗した原因を考え，もう一度器具を整えて実験を繰り返

した。

しかし，やはり有意な負の相関係数を得ることはできなかった。

岡山さんは念のため，もう一度実験した。でも，やはり結果は有意にならなかった。

そこで上羽先生は，「余分なデータを削除して整理するように」と指示したのだった。

岡山さんは，最初は少しだけ，全体から外れた値になっていると思うデータを削ってみた。いくつか削ると，ぎりぎり有意な負の相関係数が得られたので，散布図を描いた。

その散布図を上羽先生に見せると，先生は「もう少し工夫したら，もっと関連が明確になるんじゃないか」と言った。明確に「データを改ざんしろ」と言われたわけではないのだが，ここまでやったらもう少しやっても同じだろう，と岡山さんもそういう気持ちになったようだ。

そして，その結果を載せて論文を投稿した。

何度か修正したあと，最終的に岡山さんと上羽先生のその論文は，研究誌のエディターから「採択」という判断が下された。研究誌への掲載は決定。しかし返信には，エディターからのコメントもつけられていた。

そのコメントを見て，岡山さんも上羽先生も困ってしまった。「この関連を確認するため，もとのデータを送ってほしい」と書いてあったのだった。エディターとしては，世界的な大発見になるかもしれない結果なので，ちゃんと確認しておきたいと考えたのだろう。だけど，もとのデータを送れば，グラフに手を加えたことがわかってしまう。

このまま黙っていても，自動的に論文は雑誌に掲載される。でも，エディターからデータを見せてほしいとコメントされたように，遅かれ早かれ，他の研究者からも同じことを言われるだろう。

上羽先生と岡山さんは，昼食を一緒に食べながら，最近はいつもこの対策をどうするか，話し合っていたそうだ。その中で，もっとやっかいな問題が持ち上がってきた。

実は，岡山さんが筆頭著者になっている，すでに雑誌に掲載されている2本の論文でも，結果の一部に今回と同じようなデータの削除や調整など，データを改ざんした部分があったのだという。もちろんそれらの論文も，上羽先生との共著になっている。
　もしもデータの改ざんが公になれば，岡山さんだけでなく，上羽先生の立場も危うい。最近，アメリカの物理学者による論文データの捏造が世界中で話題になったばかりだったこともあり，大問題になりかねない。
　そこで上羽先生は，岡山さんが独断でやったことにしてくれないか，と話をもちかけていたのだそうだ。知り合いの企業への就職の世話もするから，と。だけど岡山さんにしてみれば，その選択肢を選ぶことで目指していた研究者の道を絶たれてしまうことになる。
　これまでに発表した論文のデータの改ざんは，もう取り返しがつかない。しかも，それが発覚するのは時間の問題。このままどうあがいても，研究者の道は閉ざされるか，非常に厳しい状況に陥ってしまう。
　このようなところに追い込まれ，岡山さんは守衛室で屋上への扉のカギを手に入れた。そして，非常階段を上って屋上に足を踏み入れたのだった。
　もちろん上羽先生は，岡山さんが積極的に身を投げるように促したわけではない。でも，もしかしたら，という願望はあったはずだ。もしかしたら，すべてが岡山さんのせいになり，自分は助かるかもしれない，という。

　岡山さんは一命を取り留めた。しかし，論文のデータ改ざんの事実を消すことはできなかった。岡山さんはすべて自分が1人でやったことだと公表した。そして研究者の道をあきらめ，とあるコンピュータ・ソフトウェアの会社に就職した。
　上羽先生は，表向きは岡山さんの論文データの改ざんと一連の混乱の責任をとって，大学を辞職した。公には，上羽先生の改ざんへの直接の関与はなかったことになっている。
　そしてショウイチさんは，その後しばらく別の研究室で研究員を続けたあ

と，岡山県にある大学に就職が決まった。そして，サークルの後輩たちとは疎遠になってしまった……。

昔　話

「これが，20数年前のちょうどいま頃の話ということなのね」
　私は母に向かって言った。いまは，冬休みの帰省中。手の中にはみかん。ダイニングテーブルの向かい合わせに，母と私が座っている。
「そうね。私はN大学国文学科の4年生だったわ。卒論を提出して時間があったから，工学部でアルバイトをしたの」
　結局，アルバイトもたった3日間，実質2日間で終わってしまったということだ。もらったお金は微々たるものだった。でも，それ以上の報酬があったようだ。
「それでお母さん，ショウイチさん……」
「ショウイチさんなら，そこにいるわよ」
　リビングの向こうのソファに座っている私の父，庭瀬翔一が「何？」と言って振り向いた。
「いいえ，何でもないわ」
　ほほえみながら，母が答えた。弟の翔太と一緒に，父は再びテレビを見始めた。
「江熊先生は，お父さんのサークルの後輩だったのね」
　私が言うと，母は「そう」と言ってうなずいた。
「こっちに来てからは，全然連絡をとらなくなってしまったけどね」
　物理的な距離は，関係性も遠ざけてしまうものだ。でも，父と母と江熊先生の関係については，はじめて知った。
「ミライがC大学の心理学科に行くことになって，先生の名前を調べて驚いたわ。まさか江熊君が教えているなんて。懐かしくて，思わず連絡をとっ

ちゃったもの」
　母はフフッと笑った。
　「さて，これが，江熊君と私が出会ったときの話。そのあともいくつか話はあるけれど，それはまた別の機会にね」
　「江熊先生は，大学2年生だったのね。いまの私と同じ」
　「そう，心理学科の2年生。いまのミライと同じね」
　「なのに，自分の専門でもない英語の論文を読んで問題点を見つけるなんて，信じられない」
　同じ大学2年生とは思えない。あまりにも自分とはレベルが違う。でも，江熊先生らしいかもしれない。
　「来年から，江熊君のゼミに入るんでしょう。しっかり勉強しなさいよ」
　「うん」
　そう。私は無事，江熊ゼミに入ることが決まった。
　これから先生に近づけるように，もっともっと頑張ろう。

エピローグ

　きれいな3月の青空。
　華やかな袴姿の女性たちが，講堂の前に集まっている。男性は黒いスーツが多く，たまに白い紋付袴で決めた姿も見える。
　いくつもサークルや部活動ののぼりが立てられ，在校生たちが卒業生を見送る。あちこちで歓声が上がり，バンザイの声に，胴上げされる卒業生の姿。
　野球部のユニフォームが見える。野球部のエースだった，滝野先輩の姿がちらっと見えた。滝野先輩は，実業団チームを擁する地元の企業に就職したそうだ。きっとまた素晴らしいピッチングを見せてくれることだろう。
　人混みの向こうに，高槻先輩の姿を見かけた。
　「高槻先輩！」
　私が声をかけて手を振る。先輩がこちらを見て，手を降る。
　「卒業おめでとうございます！」
　遠くまで聞こえるように，大声で叫んだ。
　奥山先輩もいる。高槻先輩と，楽しそうに何か会話をしている。そのまわりに，江熊ゼミの先輩たちも。夏の合宿，楽しかったな。奥山先輩は大学院への進学が決まった。江熊先生のもとで研究を続けていくことになるという。また高槻先輩の卒論は，先生たちに高く評価されたらしい。卒業しても大学に遊びに来てほしいな。
　心理学科の先生たちを見かけた。卒業生に囲まれて，写真撮影に歓談。
　これで4年の先輩たちとはもうお別れかと思うと，卒業を祝いたい気持ちと寂しい気持ちが交錯する。
　高槻先輩が私たちの方へ来てくれた。お祝いの花束と，メッセージを渡す。
　「江熊ゼミへようこそ。卒業しても，また遊びに来るね」
　満面の笑顔でそう言ってくれた。

結局，あおいのアルバイト先の店長は，別の人に変わったそうだ。
「バイト仲間で，「変なこと言っていたから，大学生がいない地域に飛ばされたんじゃない」なんて言っていたよ」
　あおいは，こんなふうに言った。いまは，とても働きやすいお店になったそうだ。あおいの言うように，世の中はそれなりに，うまくいくようになっているのかもしれない。
　今回のことは，たまたま私たちの身のまわりで起きたこと。世の中には，きっとこんなことが山ほどあるに違いない。

　いつの間にか，江熊先生が隣に立っている。
「高槻さんたちを見送りに来たんだ」
　先生は，私と並んで，卒業生と見送りの人混みを見つめる。
「入学して 2 年間，どうだったかな」
　先生に尋ねられて，入学してから 2 年間に起きたことが，一気に頭の中を駆け巡った。たった 2 年なのに，たくさんのことを経験したような気がする。
　心理学は，入学前の私が思っていた学問とは，まったく違ったものだった。
　事実を知るという作業は，地道で根気のいる作業であり，私たちは普段，わかった気持ちになっているだけのことが多いらしいということ。
　データのどこに注目するかによって，印象がまったく違ったものになってしまうこともある。
　データの中心だけではなく，ばらつきも考える必要がある。
　関連があるかないかを考えるときには，現象の一部だけではなく，全体を見渡さなければいけない。
　因果関係があるかないかを決めるのは，予想以上に難しかった。
　統計的な検定は，すればいい，というものではないこともわかった。
　相関と t 検定とカイ 2 乗検定の関連や，尺度水準の問題，こんなこと，これまでには考えたこともなかった。ましてや，擬似相関だなんて。

「ずいぶん，世の中の見方が変わったと思います」
「それはよかった」
でも，本番はこれから。先生のゼミに入ることになったのだから。
私は先生に話しかけた。
「母から学生時代の先生の話を聞きました」
「そう。みんな若かったね」
卒業生たちの様子を見たまま，先生は答える。
「先生，私が入学するとき，母は先生とどんな話をしたのですか」
先生はゆっくりとこちらを振り向いて答えた。
「それは，これからわかるんじゃないかな」
私の物語は，まだ続くようだ。

参 考 文 献

【統計学に関するもの】
南風原朝和 (2002).『心理統計学の基礎 —— 統合的理解のために』有斐閣
南風原朝和 (2014).『続・心理統計学の基礎 —— 統合的理解を広げ深める』有斐閣
向後千春・冨永敦子 (2007).『統計学がわかる』技術評論社
大久保街亜・岡田謙介 (2012).『伝えるための心理統計 —— 効果量・信頼区間・検定力』勁草書房
小塩真司 (2013).『大学生ミライの統計的日常 —— 確率・条件・仮説って?』ストーリーでわかる心理統計 1,東京図書

【心理学・話題に関するもの】
ダニエル・カーネマン(村井章子訳) (2012).『ファスト&スロー —— あなたの意思はどのように決まるか?』上・下,早川書房
デイヴィッド・コーエン(子安増生監訳,三宅真季子訳) (2008).『心理学者,心理学を語る —— 時代を築いた 13 人の偉才との対話』新曜社
T. ギロビッチ(守一雄,守秀子訳) (1993).『人間この信じやすきもの —— 迷信・誤信はどうして生まれるか』新曜社
西口敦 (2011).『普通のダンナがなぜ見つからない?』文藝春秋
ナオミ・オレスケス,エリック・M. コンウェイ(福岡洋一訳) (2011).『世界を騙しつづける科学者たち』上・下,楽工社
ウイリアム・ブロード,ニコラス・ウェイド(牧野賢治訳) (2006).『背信の科学者たち —— 論文捏造,データ改ざんはなぜ繰り返されるのか』講談社

あ と が き

　本書の舞台は，とある大学の心理学科です。学生たちは，心理学を中心に据えながら，統計的な知識やその周辺のさまざまなことを学んでいきます。ストーリーの内容を読んでいただければわかるように，心理学にとって統計学の知識は不可欠なものとなっています。そして，現実の生活の中で起きる出来事に，それぞれの知識を結びつけていきます。しかし，これも本書で描いたように，単に「こんなときはこの分析方法を適用する」というだけでは解決できないような問題にも直面します。マニュアルとは異なる，知っておくことで考え方が変わる，そして現実生活にも結びつきうるような世界を描くことができたら，と思いながら今回のストーリーを執筆しました。稚拙な部分は多々あるかと思いますが，物事の考え方の部分だけでも何かの参考になれば嬉しく思います。

　本書は，東京図書より 2013 年に刊行された『大学生ミライの統計的日常 —— 確率・条件・仮説って？』（ストーリーでわかる心理統計 1）の続編として執筆したものです。登場人物の多くも前回と同じで，主人公である庭瀬未来が大学の中で友人たちや先輩，先生と交流することで統計学や心理学のエッセンスを学んでいくものとなっています。ミライたちは 2 年生に進級し，心理学についても統計学についてもより多くを学んできています。そして 1 月には，江熊先生とミライの関係が少しだけ明らかになります。登場人物たちのやりとりも楽しんでもらえればと思います。なお登場人物の一部は，『研究をブラッシュアップする —— SPSS と Amos による心理・調査データ解析』（東京図書，2015 年）にも登場しています。こちらもあわせて手にとってください。

　本書は紆余曲折あり，株式会社ちとせプレスより出版させていただくことになりました。さまざまなご配慮をいただいた櫻井堂雄氏に心より感謝申し上げます。

　　2016 年 7 月

小塩 真司

索　引

あ行

因果関係　103, 122
ウェルチの検定　49
F 検定　49

か行

回帰の誤謬　122
カイ2乗検定　37
確証バイアス　138
片側検定　41
間隔尺度　62
観測度数　37
擬似相関　125
期待度数　38
帰無仮説　41
共分散構造分析　113
区間推定　14
クッキング　192
クロス集計表　37
結　果　103
原　因　103, 141
交互作用　145
　一次の――　146
　二次の――　146

さ行

散布図　83, 190
サンプルサイズ　48
実　験　107
尺度水準　62
重回帰分析　129
自由度　40
周辺度数　39
主効果　145
準実験　107
順序尺度　62
信頼区間　21
水　準　82
正規分布　16, 47
相関係数　83, 190

た行

第3の変数　126
大数の法則　13
対立仮説　42
単一事例実験計画法　59
中心極限定理　19, 48
調整変数　190
t 検定　46
　対応のある――　59
t 分布　22

トリミング　192

な行

認知バイアス　121

は行

パス解析　113
パネル調査　109
ピアソンの積率相関係数　83
ヒューリスティックス　122
標準偏差　12, 47
標本　11
標本分散　12
比率尺度　62
不偏分散　12
分散　12
分散分析　81
　2要因の──　146
平均　10

──への回帰　123
平均値　47
偏差　11
偏相関係数　129
母集団　11, 47
母分散　16
母平均　16

ま行

マクネマー検定　59
名義尺度　62

や行

要因　82

ら行

両側検定　41

● 著者紹介
小塩 真司（おしお・あつし）
早稲田大学文学学術院教授
2000 年，名古屋大学大学院教育学研究科博士後期課程修了。主著に『Progress & Application パーソナリティ心理学』（サイエンス社，2014 年），『はじめて学ぶパーソナリティ心理学 —— 個性をめぐる冒険』（ミネルヴァ書房，2010 年），『性格を科学する心理学のはなし —— 血液型性格判断に別れを告げよう』（新曜社，2011 年），『SPSS と Amos による心理・調査データ解析〔第 2 版〕』（東京図書，2011 年），『大学生ミライの統計的日常 —— 確率・条件・仮説って？』（ストーリーでわかる心理統計 1，東京図書，2013 年）など。

［ストーリーでわかる心理統計］
大学生ミライの因果関係の探究
2016 年 9 月 10 日　第 1 刷発行

著　者　　小塩 真司
発行者　　櫻井 堂雄
発行所　　株式会社ちとせプレス
　　　　　〒 154-0001
　　　　　東京都世田谷区池尻 2-31-20　清水ビル 5F
　　　　　電話　03-4285-0214
　　　　　http://chitosepress.com
装　幀　　山影 麻奈
印刷・製本　中央精版印刷株式会社

© 2016, Atsushi Oshio. Printed in Japan
ISBN 978-4-908736-01-8　C1011

価格はカバーに表示してあります。
乱丁，落丁の場合はお取り替えいたします。

「学びを愉しく」●ちとせプレスの刊行物

人口の心理学へ
少子高齢社会の命と心

柏木惠子・高橋惠子 編

命についての問題 —— 生殖補助医療, 育児不安, 母性, 親子, 介護, 人生の終末 —— に直面し苦悩し, 格闘する心を扱う「人口の心理学」の提案！